Dr CHASSAGNE

AU XXᵉ SIÈCLE

LE

CONSEIL MUNICIPAL DE PARIS

1896-1900

1ʳᵉ Victoire des **Conditions du Travail**. 1ʳᵉ Expérience des **Trois-huit**. **Retraites ouvrières**. **Municipalisation de la Prévoyance** et de l'Assistance publiques. Élections du Conseil pour 4 ans. **Le Métropolitain en un an**, Tramways de pénétration **à deux sous** et Traction mécanique. **Les Étalages** employés et patrons, Paris hygiénique, la Ville de longue vie. **Les Patronages**. Le Personnel enseignant de Paris. **Le Budget en 3 jours**. Vraies économies. Synoptique du Budget de Paris en 1869 et au **XXᵉ** siècle, etc.

Pour faire suite à **19 ans du Conseil Municipal élu de la Ville de Paris (1871-1890)**, à 3 ans de plus du **Conseil Municipal de Paris (1890-1893)**, et à de 1893 à 1896, le Conseil Municipal de Paris.

Prix : 2 francs

PARIS

E. DENTU, ÉDITEUR

78, BOULEVARD SAINT-MICHEL, 78

—

CHAPITRE PREMIER

Ce qu'à fait le 9ᵉ Conseil municipal de Paris pour L'OUVRIER

1ᵒ Ses GRANDES VICTOIRES pour l'OUVRIER

Ce qu'avait déjà voulu, dès le 2 mai 1848, la *2ᵉ République* : limitation de la journée de travail, associations ouvrières favorisées, abolition de ce *marchandage* qui récupère la baisse des adjudications sur le maigre salaire.

Ce que depuis 30 ans de *3ᵉ République* en France, le Conseil Municipal de Paris a cent fois demandé par ses votes toujours annulés par des décisions ministérielles ou du Conseil d'Etat, l'*Ouvrier*, celui qui ne naît qu'avec ses bras, et ses bras vides, pas même le déshérité — le sans héritage de la vie — vient de l'obtenir enfin.

Le décret du 10 août 1899, Règlement des marchés passés *au nom de l'Etat, des départements et des communes*, vient d'adopter, en son article 1ᵉʳ, un jour de repos par mois, une limitation d'ouvriers étrangers, un minimum de salaire et de durée de travail fixés d'après les usages de la région.

L'entrepreneur, toujours sûr d'être payé et pour lequel l'adjudication est une réclame, sera, comme sanction, passible de retenues sur le cautionnement, même d'exclusion d'adjudication.

Que de fois tout cela, dû à un Ministère de progrès, a été, pour les travaux de Paris, voté par le Conseil de Paris et annulé par d'autres ministres se cramponnant à la lettre des textes, car si tout particulier peut spécifier ses *Conditions du travail* dans le cahier des charges de son adjudication, l'Etat, les départements et les communes, par étrange anomalie, ne le pouvaient pas.

Cette spécification n'est encore que *facultative*.

M. Landrin émet le vœu qu'elle devienne *obligatoire* et termine son rapport « sur ces *Conditions du travail* préparant la création d'un ministère du travail, relevant le niveau moral de l'ouvrier et de la nation, » par ces mots qui font augurer d'un avenir meilleur encore : « Je suis heureux de faire remarquer que pas une voix ne s'est élevée contre les conclusions de mon rapport. »

Quel a été l'instrument, l'outil de cette émancipation ouvrière à laquelle sont liés les noms de Millerand, P. Baudin, Lavy, Vaillant, etc. ?

2° *La* MUNICIPALISATION *des* SERVICES

Tel fut l'utile champ d'expériences (1).

Petit à petit, avec prudence et ténacité, les Conseils élus par Paris sous la 3° République ont été, depuis 20 ans surtout, en Assistance publique, secours à domicile, hygiène, adductions d'eaux, mouvement syndicataire, principalement en les Ecoles, précurseurs, jalonneurs — petit Parlement d'avant-garde — des progrès parlementaires du grand Parlement (2).

Le 30 décembre, 1898 toujours en ses *Services municipaux*, le 9° Conseil, dont c'est ici la particulière histoire, a tenté une 1re expérience de la *journée de huit heures* — des célèbres *trois-huit*.

1. Beaune et Nuits exploitent en régie leurs vignobles communaux, Gien, le gaz, Alet, ses eaux minérales, Londres est propriétaire de ses lignes de tramways, l'eau municipalisée, donne à la Ville de Paris, 20 millions, etc., p. 52.

2. Voir *Trois ans de plus du Conseil* et *De 1893 à 1896 le Conseil municipal de Paris* librairie Dentu. Le *Suffrage universel* ce clairvoyant semble l'avoir reconnu, car aux élections de 1898, il a élu députés non moins de 15 conseillers municipaux de Paris.

Et bien humainement sur certains ateliers d'égou-
tiers dont on sait la vie précaire, l'hygiène, le travail inélégant et, comme ils le disent, les pauvres,
plein de dégoûts (1).

Rapport de l'ingénieur 10 mars 1899 : « Deux ateliers de petites galeries : 1 de collecteur, 1 d'extrac-
tion de nuit ; en tout 4 ont expérimenté la journée
de huit heures. Les ouvriers piqués de faire réussir
l'essai diminuent leur repos, donnent même un
coup de collier et entretiennent le même état de
propreté qu'avant. On n'a pas été obligé de toucher
aux 10.000 francs votés par le Conseil pour cette
diminution d'heures de travail. »

M. Brard. — Partout où la journée de 8 heures
a été appliquée elle a réussi.

M. Blondeau, rapporteur. — Les ouvriers aiment
mieux travailler dur 8 heures que séjourner 10 heures dans l'égout ». Le 9ᵉ Conseil décide de conti-
nuer cette expérience bien conduite 3 mois encore.

Le 5 juillet : « L'Administration disait un cinquième d'heures de travail en moins demande un
cinquième d'ouvriers en plus, erreur ; les 4 ateliers
de 8 heures ont donné les mêmes résultats que ceux
de 10, le travail ne souffre pas du repos, il rebon-
dit ». Si bien que M. Defrance conclut « L'essai de
cette première tentative est assurément encoura-
geant ». Le 9ᵉ Conseil décide sa prolongation 5 mois
et demi de plus et vote 60.000 fr. pour des chambres de rendez-vous à proximité des chantiers
« deux heures sur 10 et des plus antihygiéniques,
étaient passées en allées et venues de ces chambres
trop éloignées aux ateliers. » (Sauton) (2).

1. A Paris, la dépense annuelle de curage et d'entretien ressort à 3.000 francs par kilomètre d'égout, 1 fr. 20 par tête d'habitant et 0 fr. 016 par mètre cube d'eau écoulée.

2. Nous insistons d'autant plus sur cette expérience qu'elle va
être étendue au *Service des carrières* (12 mars 1900) et que l'idée
née française, a surtout fait des progrès hors de France. Les
Etats-Unis ont les premiers adopté la journée de huit heures pour
les ouvriers d'état. Neuf états l'appliquent, et deux la journée de

Cet heureux « champ d'essai » qu'on appelle la *Municipalisation* substitue en outre au favoritisme secret le *concours franc et public* — l'arme la moins imparfaite de toute sélection humaine.

Les conducteurs municipaux autrefois admis sur simple examen le sont aujourd'hui au concours et le 4 juillet 1898 une tentative du préfet pour replacer 5 candidats malheureux des anciens concours de 1890-94 pour lesquels militaient peut-être quelques circonstances atténuantes est repoussée par le Conseil qui se prononce hautement contre tout favoritisme.

Le 24 juin 1898, un Directeur est substitué au chef de service du personnel de la Préfecture de la Seine et on lui rattache le personnel des services techniques « où se remarquaient maints passe-droits, un directeur ne se remplace pas comme un simple chef de service on a ainsi coupé les ailes aux ingénieurs ce qui n'est pas mauvaise besogne » adopté par 58 voix.

Enfin le 13 novembre 1899, il est décidé que les *conducteurs* ci-dessus deviendront eux-mêmes, *ingénieur municipal* par concours encore.

Ces places ne seront plus réservées aux Ponts et Chaussées arrivant de province sans éducation spéciale, les choix ne seront plus arbitraires les conducteurs qui s'en allaient faute de perspective d'avancement resteront.

M. Blachette « Et ils connaîtront à fond leurs services on ne fera plus l'inutile éducation parisienne d'ingénieurs de province » (p. 3.487).

Nous reviendrons sur ce goût du Conseil pour le mérite le concours — et le grand jour.

---

neuf heures. Belgique, Hollande et Suisse, ont voté ce progrès en 1894, en Angleterre, le minimum de salaire a été adopté le 31 mars 1893, avec affichage dans l'atelier, à Copenhague, etc.

3° *Ce qu'a fait le 9° Conseil contre le* **CHOMAGE**
La Faim obligatoire.

La liste est fort longue et bien probante de ses humaines générosités.

13 décembre 1896 : 20.000 fr. de secours de chômage à répartir entre les 20 arrondissements de Paris — 30 octobre. Secours aux ouvriers des ports en chômage 300 fr. — 31 mars 1897. 4.000 fr. de secours aux ouvriers du cuir des 13° et 15° arrondissement. (Bellan)—4 décembre 1899. 5.000 fr. aux ouvriers maréchaux en grève « l'entente parait établie entre les ouvriers et les patrons il ne reste que les grandes Compagnies et administrations qui résistent » (Chausse).

Et cette solidarité s'étend au delà de Paris : 8 juin 1896. Secours aux victimes du Puits Fonteau : 5.000 fr. ; — 24 juin. Subvention aux ouvriers porcelainiers en chômage: — 12 mai 97. 5.000 fr. aux familles victimes du chômage de la Grand-Combe ; — 23 octobre 99. Aux ouvriers de Gueugnon (Saône-et-Loire), en chômage depuis 4 mois (1).

Elle s'étend même à l'étranger : 4 juin 96, 10.000 fr. aux familles des victimes de la catastrophe de Khodinsky, près de Moscou.

Et cette bienfaisance ne chôme pas même pendant l'intersession, créant ainsi comme une *permanence* du bien : 12 août 1899, 1.000 fr. aux ouvriers en chômage de l'usine rue des Entrepreneurs, détruite par la foudre ; — 5 août, 2.000 fr. aux familles victimes de l'incendie rue Folie-Méricourt, 16 ; — 21 août, aux ouvriers en chômage de la fabrique de cuirs Courtois, rue du Delta, 800 fr ; — 22 décembre, 10.000 fr. aux ouvriers en chômage de la

1. Deux subventions de 10.000 francs chaque, aux ouvriers de la Grande Combe et de l'Isère, ont été annulées, le 16 juin 1897.

Seine et des canaux ; enfin, 11 septembre 99, 3.000 fr. aux sinistrés de la rue Darboy. Ici, détail bien typique relaté par M. Parisse : « Ces secours ont été distribués immédiatement, ils ont produit leur plein effet, et le travail ayant été repris rapidement, il y a eu un reliquat de 1.125 fr. qui a fait retour à la Caisse municipale. »

C'est en effet la rapidité, *l'immédiat* du secours, qui en double l'efficacité. Le 18 novembre 1898, le Conseil Municipal ayant voté 20.000 fr., et le Conseil général 10.000 aux grévistes parisiens, un mois et demi après la fin de la grève, il n'y avait encore rien de fait, on établissait des listes dans les mairies, des états ; — une distribution par les syndicats serait autrement active et rapide. Ajoutons que pour la plupart de ces si humains secours l'Administration émet des réserves professionnelles, et cependant que de pain donné et de faim mauvaise conseillère épargnée aux familles par ces quelques francs !

4° *Pour la* **MISÈRE** *par accident.*

Ici l'Administration ne fait plus de réserves, et un haut mérite revient au 9ᵉ Conseil de sa familiale sollicitude pour ce « morceau de pain » dont nul dans une société bien ordonnée ne devrait manquer. » La liste est longue de ces solidarités dignes dont la date de si facile contrôle montre tout l'esprit de persévérance et de suite.

23 décembre 1896. Aux incendiés des rues Bouret et Petit, 2.500 fr. — 5 avril 1897, 500 fr. aux incendiés de l'avenue-Victor Hugo, 144. — 24 mai, 3.000 fr. aux familles des naufragés. — 21 juin, 3.000 fr. aux incendiés du passage Hebrard. — 8 octobre 97, aux victimes de l'explosion de la rue Balagny, 2.000 fr. — 20 décembre, 2.000 fr. aux

inondés de la rue de Charonne, 176. — 22 novembre, 5.000 fr. aux incendiés de la rue des Pyrénées, 83. — 28 mars 1898. 500 fr. aux incendiés de la rue du Caire, 1. — 6 novembre, 1.000 fr. aux incendiés du quartier d'Auteuil. — 17 mai 1899. Aux incendiés de la rue Castagnary, 2.000 fr. — 2 juin, 2.000 fr. aux 150 ouvriers victimes de l'incendie de la Société des Becs Auer. — 22 décembre, 3.000 fr. aux 90 ouvriers des ateliers Pérignon-Vinet incendiés.

Et nous ne pouvons tout dire. Mais déjà combien ces secours immédiats, immédiatement donnés, sans réserves préfectorales, ont séché d'amères larmes et donné pour une somme globale d'à peine **36.000 fr.** de ces morceaux de pain manquant brusquement à la famille !

5° *Pour les* **PETITS SALAIRES,**
les **INSPECTIONS** *ouvrières du travail,*
le **TRANSPORT** *économique.*

20 décembre 1898. Augmentation des ouvriers du magasin scolaire et administratif de 5 fr. par jour en première année, à 7 fr. 50 en vingtième année. Le 21 novembre, vœu de M. Beurdeley que les petits loyers versés d'avance soient productifs d'intérêts (urgence et adopté.) — 30 décembre 1899; 80.000 fr. pour participation des petits et des humbles des Associations ouvrières à l'Exposition, etc. (Chausse Rozier). Le transport économique « au chantier » a toujours été l'un des vifs soucis du Conseil, il a déjà obtenu les trains ouvriers. Mais les bateaux — tramways et omnibus résistaient. Le 9 avril 1897, M. Lopin demande un départ des bateaux à 5 heures du matin, pour les ouvriers qui, finalement, est accordé; le 30 mars 98, M. Gras propose le transport à prix réduit pour

les ouvriers et employés sur les omnibus, tramways et bateaux, 10 centimes et carnet nominatif; enfin tout récemment, le 22 décembre 1899, M. Hénaffe demande que le service matinal de départ ouvrier qui a lieu de 5 à 7 h. du matin, et de 6 à 8 h. du soir, sur certaines lignes d'omnibus, soit généralisé partout au prix de 0 fr. 30 aller et retour à l'intérieur, 0 fr. 20 à l'impériale.

Les Inspecteurs ouvriers. — Vieille question aussi pour laquelle satisfaction est en partie donnée au Conseil. Leur nécessité est prouvée par les malfaçons et l'insuffisante surveillance d'employés peu contrôlés des architectes. *M. Sauton* demande les garanties du concours public pour ces agents dont la création a été décidée par vote du Conseil du 21 décembre 1896 La question une première fois ajournée est revenue le 17 décembre 1897 l'Administration en accepte le principe : « L'inspection et la surveillance des travaux d'architecture seront confiés à des agents dits « conducteurs du tas » reçus désormais eux aussi — au *concours*. »

6° *Pour le* **PLACEMENT GRATUIT** *de l'Ouvrier.* *Chambres syndicales. Coins.*

Nous verrons plus loin (p. 37) les subventions aux Bureaux de placement gratuit dans les mairies et l'action de plus en plus socialement utile de la Bourse du Travail et des Chambres syndicales. Mais on se heurte quelque peu là à une résistance de patrons qui n'embauchent pas à la Bourse parce qu'ils y amèneraient des clients et vont aux *coins* où ils trouvent des bras au-dessous du prix de série. Ces Moyenageux *coins* dits *grève* Hôtel de Ville, *grève* Montparnasse, *grève* Monceau etc., et plus familièrement par l'ouvrier lui-même « marchés d'esclaves » sont fréquentés par vitesse acquise séculaire. Quelques patrons — on l'a vu — y embauchent pour amoindrir de leur mieux les syndicats ouvriers et diminuer le rayonnement de cette démocratique loi du 21 mai 1884 dont M. Waldeck-Rousseau disait: « elle ouvre la plus vaste carrière à l'activité des syndicats; la fécondité des Associations professionnelles n'a plus désormais de limites légales ».

Et cette Bourse du Travail elle-même, où en l'ouvrant M. Mesureur avait dit généreusement aux syndiqués : « Vous êtes ici chez vous » l'administrateur légal le Préfet la tient un peu en tutelle, sa Commission seulement *consultative* n'est composée que pour moitié de délégués syndicataires. *M. Champoudry* demande le 10 octobre 1899 que sa gestion comme celle de toutes les Bourses du Travail de France (et il en existe 59 au XXᵉ siècle) soit confiée à des délégués, des syndicats (urgence et adopté *Bullet. officiel*, p. 3.437).

7° *Pour la* **FEMME** *et la* **FILLE** *de l'Ouvrier.*

Secours aux familles des Réservistes et Territoriaux 534.000 francs en 1896; en 1899, 745.000 fr. pour 29.830 soldats appelés, presque tous mariés et pères de famille. Il y a un peu trop de formalités, il arrive trop tard ce secours dont le côté moral n'échappe à personne.

M. Chausse : « On fait venir les femmes à la mairie à 4 ou 5 reprises et souvent ou les mortifie cruellement ». M. *Girou* « en leur disant : allez trouver votre conseiller municipal, c'est lui qui arrête la distribution des secours » (6 novembre 1896).

Là encore en même temps que de la façon de donner *vite*, le 9ᵉ Conseil montre un humain souci des *petits salaires*: *M. Gelez*: « Dans notre état social la misère ne résulte pas forcément de la paresse et plus qu'elle, cette misère est mère de tous les vices et des dégradations humaines. Les ouvrières de l'Assistance publique ne font que 4 fr. 75 par semaine en travaillant 10 heures par jour. Les serviettes à ourler leur sont payées 3 centimes la pièce, les bonnets de femme 10 centimes, les tabliers pour infirmières 38 centimes, les chemises de femmes 50, celles d'hommes 75, les draps de lit 50, et ces malheureuses, elles en fournissent le fil. »

« Des peignoirs en toile grise, payés 1 fr. sont disputés comme pièces avantageuses. Sur son budget de 54 millions auquel le Préfet de la Seine propose d'adjoindre un emprunt hospitalier de 70 millions. L'Assistance publique ne pourrait-elle faire mieux? » (*Bulletin M. officiel*, p. 3.388, 6 nov. 1899),

Nous ne redirons pas ici les *Ecoles profession-nelles d'apprentissage et ménagères pour fils et filles* d'ouvriers, le *travail manuel scolaire* — non plus les asiles ou refuges pour femmes dont il a été traité en nos précédentes brochures (1). Leur budget est en 1900 : Asile *George Sand*, rue Stendhal, refuge de nuit pour femmes 27.400 fr. — *Pauline Rolland*, refuge-ouvroir, rue Fessart, 17, 112.700 fr. — *Michelet*, rue de Tolbiac, refuge-dortoir pour femmes enceintes, 130.150 fr. — *Ledru-Rollin*, à Fontenay-aux-Roses, femmes relevant de couches, 35.600 fr. Mais nous appuierons sur d'autres institutions moins connues.

D'abord l'*Orphelinat Sainte-Jeanne* à Enghien pour orphelines reçues de 7 à 12 ans et 1re institution de ce genre du Conseil (rapp. Rebeillard) élevant d'abord 25 puis 50 jeunes filles, il lui fau-

1. Voir pour les détails. *Trois ans de plus du Conseil municipal de Paris* 1890-93. Paris, Dentu, 1 fr., pages 10 et 52.

« Le travail manuel scolaire exerce l'œil et la main, ne remplace pas l'apprentissage, mais y éduque et prépare surtout les enfants du travailleur aux écoles professionnelles, véritables pépinières d'ouvriers artistes. »

drait 200 places, puis l'*Asile Leo Delibes*, rue de Landy, 58, à Clichy-la-Garenne, création si utile du 9° Conseil pour enfants dont les parents sont malades, en chômage ou même en prison, ce qui livre ces petits au vagabondage de la rue. Il n'y avait jusqu'ici en ce genre que la *Maison maternelle* bien connue de la dévouée Mme Kopfe, ou *l'hospice des Enfants assistés*, rue Denfert. Mais en ce dernier il faut les abandonner jusqu'à 21 ans, tandis qu'à *Leo Delibes* au bout de 3 mois, 6 mois, quand on veut, « il est loisible de les redemander et les ravoir » en la famille. Dans ce même ordre d'idées de protection familiale des pauvres, le 9° Conseil vote 1.500 fr. pour faciliter le mariage des indigents au xx° siècle au lieu des 650 fr. de l'année dernière (28 décembre 1899).

8° *Ce qu'a fait le* 9° *Conseil élu pour l'Ouvrier* **ACCIDENTELLEMENT** *privé de travail.*

Nous avons vu les secours de chômage, nous verrons le placement gratuit des mairies (p. 37). Malgré ce sérieux effort social, le travail se dérobe et de bien longues heures parfois aux bras valides et de bon vouloir. Pour eux nous avons dit ailleurs les asiles créés (1), nous n'en redirons que les budgets au XX° siècle : asiles de nuit, 105, quai de Valmy, 32.950 fr. et 171, rue du Château-des-Rentiers. 140.950 fr. (rapport Lucipia).

Nous avons vu de même ces *Soupes populaires* « nées d'un mouvement spontané du cœur de la population parisienne ». Il faudrait établir pour toutes l'uniformité d'heures ; *soupes à emporter*, 7 heures du matin pour les femmes et leurs petits enfants allant à l'école — puis à consommer sur place 9 heures.

1. *De 1893 à 1896, le Conseil municipal élu de Paris.* Par Dentu, 1891, 1 fr. 50, p. 15.

M. *Grebauval* : « La soupe qu'on emporte rend plus
de services que celle mangée sur place. » M. *Archain* : Je sais tel ménage où elle constitue le seul
repas du midi ». M. *Caplain* : « Pourvu qu'elles ne
servent pas de réclames électorales ; les soupes
populaires comme les Caisses des écoles ne fonction-
neront bientôt plus qu'avec l'argent de la Ville de
Paris. » M. *Chausse* : « Ce n'est pas un mal. »
M. *Fournière* : « Le bon vouloir est touchant au
xviii°, on donne double part à ceux qui distribuent
et on en trouve tant qu'on veut. »

Dans le même esprit de secourir vite et de parer
au manque de pain le Conseil émet ce vœu le 17 mai
1899 que la loi du 9 avril *sur les accidents du travail*
soit appliquée dans le plus bref délai possible :
« Elle est imparfaite sans doute mais puisque les
syndicats patronaux la combattent elle est un progrès » (MM. Lefèvre, Desplas, Landrin, Grébauval,
Rozier, Blondeau, Chausse, Beurdeley, Bernier,
Levée, etc.)

9° *Pour les* **VIEUX** *Ouvriers et les* **RETRAITES
OUVRIÈRES** (*Prévoyance publique*).

Ceux-là surtout le travail les déserte. Le 9° Conseil s'en occupe d'autant plus. Le 24 novembre 1898.
Visite à la Carrière des Maréchaux, remise de la
médaille des vieux ouvriers à 2 travailleurs municipaux avec gratification individuelle de 300 fr. —
11 avril et 12 octobre 98 propositions Chérioux-Mar-
soulan : « Les ouvriers âgés de plus de 45 ans, ou
mutilés sans ressources repoussés par l'industrie, ou
arrêtés en mendicité, seront employés au nettoiement à raison de 650 sur le total des 2.456 agents de
ce service. » — Titularisation de tous les ouvriers
illettrés du nettoiement, elle sera appliquée à tous
les travailleurs municipaux *anciens* et de bons ser-

vices. Les ouvriers vieux ayant dépassé 40 ans, hommes ou femmes, pourront être admis comme agents de service dans les écoles communales, service du nettoiement, ouvriers auxiliaires ; etc., enfin 10.000 fr. sont votés pour un asile départemental des mutilés, 28 décembre 1899.

Mais tout cela n'est qu'appréciable palliatif, le remède est dans les :

Retraites ouvrières dont comme pour l'enseignement la défense contre l'incendie, le concours, les régies, la municipalisation des services, les commissions du travail, ce petit Parlement qu'est le Conseil élu de Paris, aura tracé la route aux autres Conseils, et au Parlement lui-même.

Dès 1890, tout ouvrier municipal de 20 ans de service, et 65 ans d'âge, recevait 500 fr. annuels et viagers, mais on ne s'occupait pas des veuves. Le 30 décembre 1895, M. Champoudry a fait adopter des versements par l'ouvrier, à la Ville ces versements faits leur ont été restitués, il s'est produit des résistances de 1re surprise à — l'obligation.

Aujourd'hui elle est acceptée. *La Fédération des travailleurs municipaux* représentant tous les syndicats des ouvriers de la Ville, sauf le seul *Assainissement* consent à verser 4 0/0 pour cette retraite « la grande préoccupation de tous ceux qui travaillent et qui peinent ».

Il sera inscrit au budget 531.000 fr. et dans 15 ans 710.000, l'effet utile commencera le 1er juillet (adopté rapport Landrin, 10 juin 1899).

Auparavant le 29 décembre 1898 le Conseil avait voté que la retraite des ouvriers de l'imprimerie municipale leur serait due à 50 ans au lieu de 55 et le 23 juin 1899 M. Lucipia propose l'établissement d'une Caisse municipale d'assurances contre les accidents temporaires.

Tout cela est de sociale prévoyance, voire d'excellent augure pour l'ouvrier du XXe siècle.

10° *Pour l'Ouvrier* **MALADE** *et les* **VIEILLARDS**
(*Assistance publique*).

A 45 ans hélas! le vieil ouvrier est *trop vieux*. Le travail le fuit, « on lui dit de repasser » et puis qu'il n'a pas encore de Retraites il n'y a plus pour lui que l'Assistance. C'est ce qui fait que cette dernière avec sa gestion immobilière discutable et l'afflux des malheureux vers Paris ce grand aimant hospitalier de France court de plus en plus au déficit et à un *krach* (1).

Elle est désolante notre histoire de l'Assistance parisienne. La loi de 1849, portait art. 8 qu'un règlement d'administration publique déterminerait l'organisation des services en les mains du Directeur de l'Assistance publique.

Ce règlement on l'a attendu 37 ans. Pendant ce tiers de siècle un simple arrêté de 1860 — et *provisoire* — émané du Directeur lui-même a déterminé à sa guise sa propre direction. La ténacité du Conseil a fini par aboutir à 2 décrets ; le dernier du 15 décembre 1895 a établi l'unité de caisse réclamée depuis 1883 ; l'augmentation des administrateurs, le droit au secours *quel que soit l'âge* quand on ne peut gagner son pain, les consultations aux dispensaires, etc.

Et chaque année, plusieurs fois souvent par année le Conseil se plaint d'enquêtes trop longues de secours tard venus, de motifs de refus insuffisants, *M. Landrin* : « au XXᵉ des demandes de secours faites en avril aboutissent en octobre ».Nous glisserons rapidement sur ce qu'on a appelé le *scandale des économies* (22 octobre 1897) et certaines défaillances au XIᵉ et au XIIIᵉ arrondissements

1. Son domaine urbain et rural diminue chaque année de rendement.

montrant le vigilant et attentif contrôle du bien des pauvres pour établir l'humanité du Conseil qui le 27 décembre 1898 vote 595.440 fr. de pensions annuelles de 120 fr. à des vieillards de plus de 71 ans ne pouvant gagner leur pain. En vertu de la loi du 21 mars 1897 cela engage le Conseil général et l'Etat pour 1/10 de la somme soit 59.544 fr. L'Etat s'est exécuté. C'est sa seule participation aux 54 millions de l'Assistance publique pour lesquels Paris seul contribue de 22 millions.

Ces **22 millions** donnent au Conseil quelques droits à une direction du moins des *secours à domicile* et de ces *pensions représentatives d'hospices* qui témoignent d'un souci vif et si moral de ne pas dissocier la famille.

M. Landrin « Ce ne serait pas expérience plus dangereuse que celle des Ecoles primaires supérieures de Paris aujourd'hui copiées par toute la France (30 octobre 1899).

Pour boucler le budget en 1900 de cette Assistance voisinant le déficit mais si développée si soulageante aussi en regard du passé (voir p.70) il a fallu faire état de 1.400.000 francs de plus de *droits des pauvres* prévus pour l'Exposition.

Et en un égal souci de solidarité fraternelle pour *les vieux travailleurs* le 9° Conseil vote le 8 juillet 1896 50.000 francs à la Société des fêtes au profit des pauvres de Paris, il verse à l'Assistance le 20 février 1897 11.843 francs provenant du buffet payant des fêtes de l'Hôtel de Ville, il songe à doter les vieillards (si l'Etat le veut) de 2.500.000 francs des produits du Pari mutuel, à frapper les hippodromes suburbains etc. (Landrin, Lefèvre, Rendu, Gelez).

Mais si l'on songe que la *vieille garde de la misère* est de 10.918 indigents que le secours de 4 francs par mois (3 fr. l'été 5 fr. l'hiver) est amèrement dérisoire (1) — que deux millions par an seraient

1. Tous les comptes rendus des Bureaux de bienfaisance en té-

nécessaires pour donner 30 francs aux vieillards de plus de 75 ans et 20 francs à ceux de plus de 70 ans on conclut qu'il faudra au généreux Paris un bien généreux effort au xxᵉ siècle.

Il n'y faillira pas, mais ce sacrifice donnera, **nous** l'avons dit, quelques droits de direction à un Conseil qui là comme partout ailleurs saurait diriger.

Déjà des questions de M. Ranson sur les divers services: pharmacie, boulangerie, viande, cave etc. (18 mars et 17 novembre 1899) des rapports autorisés de MM. Lefèvre et Rebeillard, la nomination d'une Commission de décentralisation des services 25 mars 1899 p. 980 montrent l'urgence d'une *Direction des nécessiteux* enfin séparés des *malades* et qui *municipale* ne donnerait pas plus lieu à des plaintes que la gestion *départementale* actuelle des Asiles de la Seine et des Enfants Assistés.

Ce sera en ce xxᵉ siècle l'œuvre du 10ᵉ Conseil élu de secourir et plus effectivement et lui-même par abrogation de la loi de 1899, le pauvre vieux ouvrier (1).

II. — Ce qu'a fait le 9ᵉ Conseil pour tous les COMMERÇANTS et les INDUSTRIELS de Paris

1ᵒ *Pour la facilité du* TRANSIT *et de l'*ÉCHANGE *Parisiens.*

I. — Transports par eau :

1ᵒ *Bateaux Parisiens.* — Il n'a dépendu ni du Conseil Municipal. ni du Conseil Général (dont le but

moignent : « Nous avons 1.154 inscrits, dont 66 avec cartes de 8 fr. ; 203 de 10 fr. ; 105 de 20 fr., enfin 784 à 4 *francs* seulement par mois, 48 francs par an, un peu plus de 2 *sous par jour*. De ces derniers 600 ont plus de 70 ans et sont de ces vieux, repoussés de tous les ateliers. (Compte rendu du bureau du IIIᵉ arrondissement).

1. Au xxᵉ siècle, 12.920 vieillards sont assistés. dont 8.832 par lits d'hospice et 4.088 par secours représentatifs, 10.000 atten-

est de doubler les transports en commun pour l'Exposition du XXᵉ siècle et d'exclure les fameuses *tapissières* de 1889) qu'il soit établi une concurrence à 5 centimes aux Bateaux actuels à 10 centimes. Les 8 juillet 1896, 4 mai 1897, 1ᵉʳ avril 1898, 13 mars 1899, diverses questions et fort édifiantes sont posées par MM. Bernard, Dubois, Navarre.

Et il en ressort — à trois ans de distance cet édifiant synoptique.

Séance du 8 juillet 1896.

Question de M. Navarre relative aux tarifs des *Bateaux Parisiens* :

M. Paul Bernard : « C'est un *monopole* qui n'en est pas un si vous voulez, mais si une Compagnie rivale venait nous demander d'établir des pontons et de faire circuler des bateaux vous lui diriez que ce n'est pas possible au nom de la sécurité de la navigation fluviale »

M. le Secrétaire général de la Préfecture de police : — « Non ! »

Bulletin Municipal officiel du 9 juillet 1896, page 1890.

Séance du 13 mars 1899

Lettre de M. Krantz, ministre des Travaux Publics, au Préfet de police de la Seine et au Président du Conseil municipal.

22 février 1899,

« Il ressort de ce qui précède que si l'établissement d'un nouveau service de bateaux à vapeur est possible, la sécurité publique risquerait d'être gravement compromise par la création d'une entreprise faisant concurrence à la Compagnie déjà existante. »

C. KRANTZ.

Même Bulletin Municipal officiel du 14 mars 1899, page 773.

Le Conseil a néanmoins obtenu la réforme de l'antique flotte de 1867 dite *sabots* remplacée par 30 grands bateaux, nouveau modèle à 400 places et 120 chevaux.

2° *Pour le transit* du *Canal de l'Ourcq*. Le 8 juillet 1898, le Conseil vote de nouveaux tarifs nécessités par l'active concurrence des chemins de fer. Les bois, pierre de taille, plâtre, les sucres de quelques sucreries riveraines échappaient à la

dant, dont 2.000 seulement reçus par la Commission des hospices, En 81 ans, de 1887 à 1898, les lits sont passés de 6.651 à 8.832 et la population de Paris a quadruplé. Les dépenses de l'*Assistance*, constatées en 1899, sont : pour les hôpitaux 16 millions et demi ; hospices 8 secours à domicile, 4 1/2. Administration centrale, 3.282.069 et 42 centimes, etc.

batellerie, grâce à la rapidité à la livraison tous les jours en gare, à d'adroites sollicitations des agents du railway. Le Port parisien de la Villette y perdait fort et le transit du canal était passé de 781.000 tonnes en 1896, à 607.000 en 1898.

II. — **Transports par terre**.

1° *Les Omnibus*. — Ils tendent de plus en plus à disparaître devant les tramways, surtout en la périphérie parisienne.

Leur quotidien fonctionnement est de toutes parts justement critiqué. Le 5 avril 1897, *M. Lamouroux* se plaint des irrégularités de l'horaire même quand par hasard il est affiché dans les bureaux; le 19 mai, 650 cochers d'omnibus et 350 de tramways ont été privés d'assister à la fête du 14 juillet et ne sont rentrés qu'à 7 heures. Invitation à la Préfecture de Police d'y aviser — le 26 novembre, question sur le retard apporté par la Compagnie au chauffage des voitures — le 3 novembre 1899, deux omnibus à 52 places ayant versé, il est prouvé que ces modèles avec lourd arrière-train glissent dangereusement sur l'asphalte, les cochers disent les avoir peu en main ces voitures présentent moins de stabilité que celles à 30 places (Grebauval) enfin le 18 décembre, M. Blachette avouant que les lignes faisant un *service de théâtres* sont ignorées d'un public auquel la Compagnie se garde de les indiquer avec précision, demande que le dernier départ soit partout reporté à une heure du matin.

« En attendant la création d'un service de nuit. »

2° *Les tramways de pénétration* à 10 centimes. — Ce n'est pas victoire du Conseil Municipal, hélas lié aux omnibus par monopole jusqu'en 1910 mais bien du Conseil général qui les 23 décembre 1896 et

10 avril 1897 a résolu la question en votant 17 lignes de tramways de commune à commune et 15 de *pénétration* dans Paris. Il y eut force protestation, réserves, démarches, contre-projets dilatoires, mais la Compagnie ne fut soutenue finalement que par ses actionnaires, auxquels réplique vivement *M. Patenne* : « Si, il y a 10 ans, vous aviez adopté la traction mécanique, vous auriez eu 25 ans devant vous pour amortir ».

Cette traction si supérieure à celle de la *cavalerie* a enfin son heure. Le 30 octobre 1899, des autorisations sont accordées pour canalisations d'air comprimé sous la voie publique, mais avec annuelle perception pour la Ville, non de 45 fr. comme autrefois mais de **1.000** fr. par kilomètre.

Et les travaux de ces démocratiques tramways *à deux sous* sont pieusement *poussés* par le Conseil. Il adopte le 16 mars 1898 l'ordre du jour. *Sauton* : « le bureau est chargé de signaler au ministre des Travaux publics les retards apportés par les Compagnies dans l'exécution de leurs engagements » et l'ordre du jour. *Landrin* : « L'administration est autorisée à faire exécuter dans toute sa rigueur le cahier des charges et à poursuivre la déchéance des concessionnaires en cas de refus. » Les 30 mars et 27 octobre 1899, nouvelles questions qui ne sont pas sans aboutir à une célérité plus appréciable du travail et à des promesses formelles d'être prêts pour avril 1900 (1).

Entre temps, deux autres tramways qui aujourd'hui roulent sans bruit au grand bénéfice du public en ont fait quelque peu et donné lieu à des meetings esthétiques. Ce sont le tramway *Orléans Saint-Philippe-du-Roule*, réclamé depuis 20 ans, mais tantôt une réfection de pavage, d'eau, de gaz ou autre fai-

---

1. Malgré ces promesses, MM. Lucipia, Patenne, Chérioux, Grebauval, Lopin, Pannelier, Hénaffe, Parisse Landrin, Gelez, ont repris et hâté une désirable solution les 12 et 14 mars 1900 devant les Conseil municipal et général.

sait atermoyer. « Cela se fera en même temps »
et l'on ne faisait rien.

Et les omnibus accusaient l'administration, qui
accusait les omnibus.

M. Dubois : « Il y a 15 ans que nous tirons la
langue. »

L'accord parachevé avec la Compagnie en 1894 il
a fallu 2 ans pour obtenir un décret de juin 1896 et
même le 15 avril 1897 rien n'apparaissait sinon des
pétitions d'une esthétique hostilité. Malgré le cri
de M. Quentin-Beauchart : « Si vous voulez désho-
norer les Champs-Elysées, dites-le franchement »,
le Conseil par 44 voix contre 15, adopte ce déshonorant tramway, devenu aujourd'hui une des meil-
leures lignes qu'honore la Compagnie.

Un 2° « déshonorant », celui de la Porte-Maillot au
pont de Suresnes qui passe devant Madrid et a fait
dire à M. Champoudry : « Il ne faut pas empêcher
ceux qui n'ont pas de voiture d'aller se promener
au Bois de Boulogne » a été retardé du 11 décembre 1896 au 8 janvier 1900 — 4 ans — par de che-
velus esthètes. Il roule aujourd'hui sans boulever-
ser le monde.

Mais le plus merveilleux outil de transport créé
et fini en une année par le 9° Conseil est :

III. — Transports sous terre.

Le **Métropolitain de Paris**. Nous avons dit ailleurs ses divers *avatars* depuis le tube Berlier la
voie anormale, le tracé annulaire jusqu'à l'adoption
du plan actuel, voie normale et traction électrique.

Dès lors tout s'accélère. Le 13 avril 1897,
11.500 fr. sont votés pour frais d'études, le 7 juillet
le Conseil adopte un tracé de 65 kilom. M. Alpy prédit l'opération mauvaise bien que la Ville emprunte
à 2 1/2 0/0 et amortisse en 75 ans. *M. Grebauval* :
« Si nous ne le faisons pas on le fera sans nous. On

ne peut le faire qu'avec nous, sans nous ou contre nous » *B. Mal officiel*, p. 2.184.

Le 9 décembre 1898, « le Conseil assume courageusement la responsabilité de la direction et de la bonne marche des travaux », ordre du jour Labusquière. Du reste on s'est précautionné d'un bon article 2. « M. le Préfet de la Seine n'opèrera aucun prélèvement sur la somme de 20 millions, part contributive de la Ville de Paris à l'Exposition de 1900 sans une délibération spéciale du Conseil qui en fixera l'emploi ». Cet article voté d'urgence le 22 mars 1897 a tout aplani. En présence du suspensif de ce paiement de la forte somme l'Etat a tout accordé.

Aujourd'hui c'est fini, discrètement, sans bruit. presque sans un seul accident de personne, grâce à M. Bienvenue et à ses actifs collaborateurs.

L'infrastructure (1 millions de mq. de terre extraits 200.000 mq. de maçonnerie) a été terminée au jour dit en avril. Le fonctionnement commencera en juin. Et comme un progrès en amène un autre, même deux, un des lots exécuté en régie (celui de Vincennes) a montré l'excellence de la régie avec attentif contrôle et les conditions du travail ont été comme pour l'Exposition appliquées aux 6.000 terrassiers, maçons, carreleurs, revêteurs, mineurs du Métropolitain.

2° *Pour les prêts du* **MONT-DE-PIÉTÉ**

Les Prêts au Commerce. — Le Prêt sur valeurs mobilières inauguré si heureusement par le Mont-de-Piété n'a cessé de suivre une ascendante marche. Il profite surtout au petit et moyen commerce : employés de commerce, 45.000 ; négociants, 40.000 ; ouvriers, 35.000 ; rentiers, 16.000 ; professions libérales, 11.000 ; et en dernière ligne, cultivateurs, 349.

Le Mont-de-Piété offre plus d'avantages que les prêteurs particuliers et les établissements de crédit.

En effet la loi du 25 juillet, 1891 fixait à 500 fr. le maximum des prêts tout comme la Banque de France d'alors, mais celle-ci ravisée l'a baissé à 250. Sa caisse n'ouvrant que 4 à 5 heures par jour le commerçant se portera toujours de préférence à des Bureaux largement ouverts de 9 h. du matin à leur 8 h. du soir en tous les quartiers de Paris, et sous leur main (rapp. Lucipia). Le succès de cette forme nouvelle de prêts sur gages, a permis d'élever à 7 0/0 le prêt sur gages corporels des plus pauvres.

3° *Ce qu'a fait le 9° Conseil pour l'Enseignement* **COMMERÇIAL** *et* **INDUSTRIEL** *de Paris.*

Nous ne pouvons répéter en double emploi les subventions énumérées p. 26 et 27 de la brochure de 1893-96 (1), tous les ans renouvelées, voire grossies par un pieux souci d'enseignement. Citons seulement les 7 et 9 juillet 1898 et 1899, les Bourses accordées à l'Ecole des hautes études commerciales le 30 décembre 1897, proposition Berthelot, la création d'un atelier municipal de reliure, le 12 juillet 1899, 10 Bourses municipales de voyages commerciaux à 2.000 fr., avec ce continuel et marqué souci du mérite « le Conseil Municipal lui-même dressera les listes de tous les Boursiers municipaux », etc. (Voir en outre les *Ecoles professionnelles* p. 50).

4° *Pour l'***ALIMENTATION** *de Paris en général.*

Les marchés couverts ont vécu.

Le Public n'en veut mie. Il exige par quartier un plus économique marché volant.

« Le meilleur marché des marchés » dit-il.

Le 21 juin 1897, les marchés d'Auteuil, Necker

1. De 1893 à 1896, le Conseil municipal élu de Paris, Dentu, 1 fr. 50, p. 26 et 27.

et Grenelle sont désaffectés. Ils n'avaient que 7 titulaires. Le 17 décembre c'est celui de la place d'Italie qui disparaît, remplacé 7 jours après par un marché découvert où dans un vif souci de justice 1/3 des places sont réservées aux commerçants des rues avoisinantes — le 1ᵉʳ juillet 1898 est désaffecté le marché des Blancs-Manteaux, qui avait 76 places vacantes sur 150 (1), celui de Wagram le suit de près, le 28 décembre il avait 27 places vides sur 94, et le 18 juillet 1899 le marché Popincourt, lui aussi, à peu près abandonné et detérioré est repris par la Ville.

Le 9ᵉ Conseil essaie de sauver les survivants marchés de Montmartre, de l'Europe et de Montrouge, par une diminution judicieuse du prix des places. Mais hélas, le mouvement vers les Halles et l'approvisionnement direct, s'accentue pour le *gros* grâce aux moyens de transport (les tramways de pénétration et le Métropolitain vont le rapidifier encore) et pour le *détail* les marchés découverts séduisent par *meilleur marché*.

Les Halles devaient donc logiquement solliciter l'attention du 9ᵉ Conseil. Il vote le 1ᵉʳ avril 1898, un crédit de 275.000 fr. pour appropriation des pavillons 9 et 11, en exécution de la loi sur les Halles, du 11 juin 1896. — Le 8 juillet fixation des emplacements de vente en gros pour fruits ou légumes, et ce qui est important, réduction du droit d'abri (prop. Lamouroux.) — le 18 novembre nouveau crédit de 100.000 fr. pour la réorganisation de la vente en gros du poisson — le 30 décembre 1899, visite générale de la toiture de fer, dont la dilatation brisait un vitrage, tombant par dangereux morceaux sur les commerçants.

Adoption d'un grillage protecteur au-dessous, et d'améliorations de l'éclairage.

1. Il y a même eu le 5 avril 1899, une translation du **Service** micrographique en ce marché désaffecté.

5° *Pour les* **BOUCHERS** *et* **GARÇONS BOUCHERS** *de Paris.*

Le 5 novembre 1897, réglementation de l'abatage et de la vente aux abattoirs de la Villette (rapport Foussier).

Le 21 mars 1898, création de 2 nouveaux postes, au pavillon n° 3, des Halles pour la vente en gros des viandes de boucherie — le 4 juillet, ouverture du marché en gros de viandes abattues à l'abattoir de Vaugirard.

Le 7 juillet vient l'épique *Histoire d'un mur.* *M. Labusquière :* « Le Conseil a voté en 1894, la fermeture de l'usine frigorifique de la Villette, par un mur quadrangulaire de clôture continue, empêchant tous rapports avec le marché. Cette construction, de compte à demi avec l'Etat, ne marcha pas sans encombre ; les syndicats de la Boucherie réclamèrent. Ce mur rendait toute communication impossible entre le marché aux bestiaux et l'abattoir. Alors on arrêta la construction, puis on la reprit avec projet, heureusement inaccompli, d'une passerelle pour piétons, et de 2 rampes avec ponts pour faire passer les moutons, coût 50.000 fr. de constructions nouvelles.

« Il faut se décider. Le frigorifique ne frigorifie rien du tout. C'est un établissement de pur avenir et le mur une véritable superfétation, est à démolir ; le ministre de la Guerre, n'y fait aucune opposition, la remise en état primitif des lieux au compte exclusif de la Ville hélas ! économisera les 50.000 fr. de la passerelle. »

Le 28 décembre 1899, adoption pour les abattoirs de Paris, d'un pavage spécial, assurant l'étanchéité absolue du sol et une désinfection facile (20.000 fr. rapp. Achille.)

**6° *Pour les* LIMONADIERS *et* GARÇONS LIMO-
NADIERS *de Paris*. — *Le Laboratoire Municipal*.**

Comme on l'a vu pour les marchés couverts, la
facilité des transports et peut être ici le taux élevé
et le précarité des loyers (*un an* seulement) ont
éloigné la clientèle des vins et spiritueux des entre-
pôts de *Bercy* et *Saint-Bernard*. La Ville, jusqu'ici
trop inflexible est obligée de diminuer ses loyers.
Bercy rapportait 1.390.900 fr. il rapportera avec ie
tarif réduit, 378.000 fr. de moins, soit une diminution de 27 0/0.

Mais on en préviendra la menaçante désertion.

Le 27 juin 1899, à l'Entrepôt Saint-Bernard, le
Conseil constate que les **305** locations de 1894 se
sont réduites à **268** en 4 années. La fameuse *Butte
aux eaux-de-vie* jadis si florissante est abandonnée.
Le marché des alcools se transporte à Saint-Denis.
Aussi par diminution des prix et pour ramener sa
clientèle, le 9° Conseil réduit-il les locations de
1.046 173 fr. à 769.000.

On sait qu'il n'a pas dépendu du 9° Conseil de
supprimer l'**Octroi**, d'abréger les derniers jours de
ce condamné. Le 28 décembre 1897, le Conseil
réexprime le vœu tant de fois exprimé par lui et
tous les programmes républicains, que la suppression du droit sur les boissons hygiéniques, devienne
l'amorce d'une suppression de l'Octroi lui-même.

L'Exposition et ses extraordinaires recettes atten-
dues, ont fait surseoir à 1901 (1). Mais la situation
irrégulière des Bières, pendante depuis 20 ans,
vient enfin d'être réglée de façon à protéger la consommation du plus grand nombre, cette bière de
ménage, la populaire *bibine*, qui restera à bon

---

1. « Une famille ouvrière buvant un litre de vin par jour sup-
porte une charge annuelle de 70 francs par an. (Budget de 1900.
Labusquière, rapport général, du 22 décembre 1899).

marché, tout en dérivant incomplètement, peut-être les bénéfices de fraude, de la caisse des gros brasseurs dans celle de la Ville. Déjà le 4 mars 1898, *M. Blondeau* disait : « Il appert surtout que la fraude des grands brasseurs, mieux outilléséchappe, et que les filets de l'octroi retiennent les petits fraudeurs, mais laissent passer les gros ». Le 11 décembre 1899, le 9ᵉ Conseil, après une documentée discussion de MM. Véber, Mossot, Blondeau, Landrin, Sauton, Navarre, etc., adopte : « art. 1ᵉʳ. A partir du 1ᵉʳ janvier 1900, la petite bière de 3 degrés densimétriques et ses matières premières, sont affranchies des taxes d'octroi ; Art. 2. Triple taxe de 45 fr. par hectolitre, frappe les bières à l'état de moût de densité supérieure à 7° 7. Les allongements devront être opérés en présence du service de l'octroi. »

Ce vif souci de *bon marché* se double d'un souci de l'hygiène et d'une réelle chasse aux falsifications. Nous l'avons dit en de précédentes brochures (2) : Jusqu'en 1876, en dehors de l'inspection des halles et marchés, il n'existait qu'un service assez empirique de dégustation des vins. Le 2 novembre 1876, s'ouvrit d'abord un bureau d'essai et enfin vers 1882 le **Laboratoire municipal**. A son début, il avait 41 employés 150.125 fr. de budget et pratiquait 5.000 essais. Aujourd'hui en 1899, il a 55 employés avec budget de 282.000 fr. et fait par année **110.000** essais.

Ouvert d'abord aux seuls commerçants il l'est démocratiquement aujourd'hui à tout le monde, les Chambres syndicales, les administrations publiques, les 2 Préfectures, l'octroi, les prisons, les hospices, les collèges, l'armée, les communes suburbaines, tout le monde enfin, consulte.

La Ville paie seule les consultations.

2. Voir *19 ans du Conseil municipal* et *Trois ans de plus* (1890-93). Paris Dentu, 1 fr.

Voici les résultats de cette hygiénique initiative, que l'Etat devrait aider et qui sera pour beaucoup dans l'afflux des étrangers à l'Exposition de 1900 : les matières alimentaires suspectes ont baissé de 29 à 10 0/0, surtout les falsifications sont moins dangereuses ; la strychnie a disparu de la bière comme les matières organiques putréfiables du lait, les matières colorantes arsénicales du vin. (*Bulletin m. officiel*, du 4 janvier 1900, p. 83, rapp. Chautard) (1).

III. — Ce qu'a fait le 9° Conseil élu pour tous les EMPLOYÉS de Paris

1° *Pour* LES ÉTALAGES.

La question des *Etalages* longuement discutée le méritait. Vieille thèse et difficile où il faut concilier le triple intérêt des employés, des patrons et du public, mais aussi acheminement vers une réglementation des heures et des conditions du travail pour l'employé — déjà obtenues, on l'a vu pour son frère en labeur humain — l'ouvrier.

Ce sont, en effet, les articles 4 et 7, tarif et durée du travail qui sont le plus discutés. Le but du 9° Conseil est-il besoin de le dire a été en diminuant les heures, d'occuper plus d'employés, de tarir à la fois le surmenage et le chômage — cette *morte* lugubre. Du reste bien des abus du règlement de 1884, modifié en 1888 ont, comme on va le voir, disparu.

1. Il est regrettable que ce Laboratoire avec lequel ne peuvent rivaliser les institutions similaires de l'étranger ou des grandes villes ne puisse pénétrer et faire des prélèvements aux Halles par suite de la dualité des deux préfectures de Paris, alors qu'il peut suivre et faire remonter l'origine ou les responsabilités des falsifications jusqu'à 100 kilomètres de Paris.

18 novembre 1898, *M. Blachette* : « La redevance des emprises de 50 centimètres sur le trottoir, fut fixée en 1884, sur la valeur locative ou vénale du mètre carré superficiel, à raison à 5 0/0 de cette estimation. »

On voit de suite que cette valeur, aux Champs-Elysées, par exemple, ne répond nullement à la valeur commerciale. Des enquêtes faites dans les 20 mairies de Paris en 1888, 89 et 94 reconnurent que cette base était défectueuse, qu'en outre, des tolérances étaient exercées, ici pas là, sur un côté de rue non sur l'autre, dans un arrondissement, point dans le voisin.

C'était de l'arbitraire.

Suivi de procès-verbaux — de bon plaisir.

En attendant l'accord sur les gros tarifs, la Commission conclut que les *petits* seront dégrevés, les commissionnaires, décrotteurs, marchands de journaux, lait, café, soupe, jadis soumis au plein tarif ne paieront que moitié, les marchands d'oranges devant les théâtres et les marchands de moins de 10 fr. qui payaient 1/4 seront exonérés.

Le 28 mars 1899, pour la *durée* le Conseil vote : « Les étalages seront tolérés de 8 h. du matin à 8 h. du soir ; les samedis jusqu'à 11 h. et les veilles des fêtes jusqu'à minuit : Les dimanches et fêtes jusqu'à 6 h. du soir ». Et, décision de haute justice : « Le tarif sera révisé en raison des déplacements commerciaux au moins *tous les ans*, les agents n'auront à intervenir qu'en des cas très rares et au nom de la Préfecture de la Seine, point du Préfet de police. ».

Cela même n'a pas contenté tout le monde, le 20 mai 1889, *M. Blachette* : « Toute décision appliquée, du jour au lendemain, à plus de 20.000 commerçants suscitera toujours des réclamations. »

M. Chausse. — « C'est un mouvement d'opposition factice. »

M. Veber. — « On essaie de faire revenir le Conseil sur sa délibération, aucun procès-verbal n'a été dressé, on leur substitue des avis et des avertissements dont jusqu'à 3 sont nécessaires pour qu'une poursuite soit engagée.

M. Chausse. — « Le règlement de 1884, imparfaitement modifié en 88, suscite encore aujourd'hui des réclamations. On a mis 10 ans jusqu'en 1898, pour faire le règlement actuel. 2 Commissions ont tenu nombre de séances; les intéressés, les syndicats patronaux et ouvriers ont été entendus : c'est un règlement progressiste » (20 mars 1899).

M. Blachette ajoute : « J'ai été moi-même employé, je sais le surmenage auquel ils sont astreints.

M. Veber. — « On est obligé, en dehors des périodes révolutionnaires, de se contenter de cotes mal taillées. La réclame des grands magasins se fait par les journaux, celles des petits par l'étalage. Le règlement actuel est un acheminement vers la limitation des heures du travail pour l'employé, ce que nous avons obtenu pour l'ouvrier et ce qui reconstituera cette famille ouvrière qui s'en allait un peu par lambeaux.

M. Navarre. — « En effet, cette discussion rappelle celle d'il y a 10 ans sur les *Conditions de travail*, c'était porter atteinte à la liberté, disait-on. Mais c'est l'honneur du Conseil, le jour est venu où, grâce à ses interventions répétées et sous la pression de l'opinion publique, le Parlement a été obligé d'aborder cette question et c'est là le 1er pas fait par la Chambre dans la voie que vous avez tracée. » (*Très bien! très bien!*).

« Après la cause des ouvriers maçons, journaliers, terrassiers, etc., le Conseil ne peut oublier les employés comme une classe de parias qui ne mérite pas sa sollicitude ». (*Très bien!*)

Le droit du Conseil à réglementer les étalages est désormais reconnu, le principe est posé (1).

2° *Pour ses* EMPLOYÉS DE LA VILLE

A la Ville, chez lui, nous l'avons dit le *concours*, l'horreur du favoritisme et de l'abus sont les caractéristiques du Conseil. Nous l'avons vu décider que les ouvriers inspecteurs du travail seraient choisis non par les Chambres syndicales, mais *au concours*. (*Bulletin officiel*, p. 3198). Nous allons voir sa sollicitude s'étendre surtout aux plus humbles de ses bons serviteurs — les commis auxiliaires et expéditionnaires.

M. Grebauval, à propos des auxiliaires retraités à 65 ans, avec 40 fr. de pension par année de service et auxquels on donne 6 mois, à cet âge-là, pour se procurer des ressources, s'écrie : « On leur applique durement le « nul n'est censé ignorer la loi ». Il ne règne dans l'administration que le désordre, le laisser-aller et la protection ». (*Très bien!*) (*Bulletin officiel*, p. 3040, 11 décembre 1896.) Trois ans après, le 18 déc. 1899, cette allocation est portée de 40 à 50 francs sur rapport de M. Colly.

Une retenue de 5 0/0 sera appliquée à partir du 1er janvier 1900.

C'est justice rendue à ces utiles dont quelques-uns occupent des postes de chef de comptabilité, chef des commis d'ordre, adjoints aux conducteurs, chef du service des titres boulevard Morland, etc. Le travail de ces *auxiliaires presque tous comptables ou dessinateurs* diffère peu de celui des expédition-

1. A ces intéressantes discussions protectrices de l'employé, ont pris part, en outre, MM. Blondeau, Colly, Paul Vignier, Rozier, Clairin, Faillet, Ranson, Rebeillard, Louis Mill, Pannelier, Vandet, Bellan, Lefèvre, Brard, Opportun, Paris, etc.

naires et, chaque année, ils disparaissent par voie
d'extinction.

Déjà même l'augmentation de leur annuité via-
gère à 50 fr. ne nécessite qu'un Crédit de 2.585 fr.

C'est qu'aussi toujours *par concours* beaucoup de
moins de 40 ans ont pu passer dans le cadre des'
expéditionnaires et y être titularisés. Puis expéditionnaires eux-mêmes ils ont vu leur stage pour
passer à la classe exceptionnelle abaissé de 10 à 5 ans
le 30 octobre 1899.

Dans le *Service technique* il est créé de nouvelles
classes de 2.700 à 3.000 francs par an, le stage pour
passer d'une classe à l'autre est réduit à trois ans
(18 décembre 1899). Le cadre fixé pour ce personnel
technique aura son plein effet en 1900 mais déjà le
29 juin 1897 la retraite des conducteurs des ponts
et chaussées détachés au service municipal est fixée
en dépit des objections du Préfet à 30 ans de service
et 60 ans d'âge ou 35 ans de service sans âge.

Un concours (toujours le *concours*) pour l'admission de ces conducteurs municipaux est ouvert le
4 juillet 1898.

Le 29 décembre 1899 réorganisation du service
des architectes-voyers. Les 10 arrondissements du
centre couplés 2 à 2 en une seule section auront
un architecte et deux adjoints; les 10 arrondissements
périphériques chacun un architecte et un adjoint.
Ce service on le sait est chargé du *fichier* des maisons
de Paris dont nous parlerons plus loin (p. 46). Le
même 29 décembre et l'on voit ici l'esprit de suite
en une progressiste municipalisation, il est décidé
que l'Inspecteur ordinaire des mines chargé du
service des carrières sous Paris aura pour chef de
bureau un agent municipal et que deux des contrô-
leurs des mines agents de l'Etat seront remplacés
par voie d'extinction par des agents municipaux
(prop. Vivien, Champoudry).

Et le 9° Conseil ne perd pas de vue pour cela ses

plus humbles travailleurs ; le 6 décembre 1899 les ouvriers chargés de l'enlèvement des ordures ménagères dont le traitement pour leurs trois heures de travail était jadis de 1 fr. 35 le voient porter à 1 fr. 50. De même le dévoué personnel de service de la Préfecture de la Seine est augmenté de 100 francs par an le 29 décembre 1899.

Ce généreux besoin d'améliorations et de redressements s'explique par la mauvaise organisation antérieure, par celle du Contentieux de la Caisse municipale surtout dont le Directeur demande depuis trois ans la refonte. Aussi par l'importance de ce personnel de la Préfecture (un véritable corps d'armée) qui ne comprend pas moins de 25.440 employés coûtant 56.105.455 francs.

Il est ainsi subdivisé : Personnel intérieur 3.804 ; — Extérieur 1.288 ; — Technique y compris les gardes des promenades 1.581 ; — Personnel de l'octroi 3.718 ; — de l'Assistance publique 637 ; — de l'Enseignement 7.180 ; — Ouvriers 9.217 dont titularisés 5.244 auxiliaires 3.973, enfin service médical 15.

Le 23 mars 1899 le Conseil préoccupé d'établir un avancement sans favoritisme en même temps qu'un effectif travail a sérié ces 25.440 employés qui sont les siens entre ses 6 Commissions en raison de leurs attributions respectives : 1re Commission 4.000 employés — 2e Commission 1.800 — 3e Commission 7.900 — 4e Commission 7.800 — 5e Commission 690 — 6e Commission 2.471.

3° *Pour les employés de* L'OCTROI

Ici comme partout le favoritisme est pourchassé. Question Girou sur les conditions d'admission d'avancement sur les notes inconnues des intéressés et dites secrètes pour un favoritisme secret :

« 120 nominations sont à faire en raison du service des *Trois-douze* dont l'application sera terminée le 1ᵉʳ mai 1897. L'organisation est successive par division de mois en mois. Du 1ᵉʳ février au 1ᵉʳ mai 400 employés nouveaux doivent prêter serment au tribunal il faut assigner à chacun son poste de service » (9 novembre et 30 décembre 1896).

Le 30 décembre 1899, comme de nouveaux postes sont à créer pour l'ouverture de la ligne des Invalides la conversion de l'indemnité de logement en appointements demandée par tous les employés est accordée par le Conseil ce qui élève le traitement des Inspecteurs à 900 francs, sous-inspecteurs-contrôleurs et receveurs 700, brigadiers et jaugeurs 400, sous-brigadiers, commis ambulants commis de recettes et sous-ordres 300 francs. Le Conseil dont on trompe difficilement l'attention fait remarquer qu'en la Commission de réorganisation de *l'habillement*, des employés de la Préfecture de la Seine, de *l'octroi* et autres il ne figure pas un tailleur pas un médecin pour avis d'hygiène.

Pas même un des employés intéressés.

4° *Pour les employés de la* **PRÉFECTURE DE POLICE** *et les* **COCHERS**

Par la reprise des relations avec la Préfecture de Police on avait espéré bénéficier d'un contrôle plus facile sur son budget et d'un arrêt en le flot montant de ses dépenses — obligatoires. — Mais chaque augmentation devient pour l'année suivante de plus en plus obligatoire. C'est ainsi que ce budget est passé des 20 millions de 1872 aux 33 millions d'aujourd'hui dont 20.078.802 francs incombent aux seuls contribuables de Paris.

En cours d'une discussion de péréquation des

classes le 8 juillet 1898 il est publié le tableau suivant assez inédit, car sur ce sujet on publie peu :

	Sergents de ville	Inspecteurs
Célibataires, veufs, ou mariés sans enfants.	2891	426
Ayant 1 enfant.	2616	261
2 enfants.	1503	173
3 —	540	110
4 et au-dessus.	539	—

Le 9ᵉ Conseil trouve des difficultés persistantes à obtenir des états voire un Annuaire du personnel comme en la Préfecture de la Seine. Il semble toutefois que la discussion de ce budget peu pénétrable, s'oppose en partie à ses inflations et c'est ce qui l'a fait voter en 1900.

De 1872 à 1884 budgets discutés et votés.	Augmentation. 2.781.000 fr.
De 1885 à 1893 ni discutés ni votés rejetés —	4.682.412 fr.
De 1894 à 1899 reprise des discussions et votés.	965.000 fr. seulement d'augmentation.

La suppression des agents en surveillance aux stations de voitures se justifie de plus en plus : les cochers ne vont guère à la station, ils rôdent et quêtent pour augmenter leur moyenne, le *client* prend souvent, en queue de station, des voitures non encore contrôlées. Ces *cochers* eux-mêmes, demandent une revision des corps de place dont plusieurs ne voient qu'une ou deux voitures par mois, plus la réorganisation de leur commission d'examen constituée en 1888, la présence d'un tiers des leurs dans la commission de discipline, le paiement de suite et « sans traîner », s'ils sont requis par l'autorité etc., (29 déc. 1899, MM. Bernier, Blondeau et Breuillé). Quant au compteur *horo-kilométrique*, une décision du Conseil d'État, du 24 février 1899 porte que le

Préfet de la Seine « a bien le droit d'édicter le *tarif
à la distance*, mais non d'imposer aux cochers l'emploi d'un compteur uniforme ». On en est là (1).

5° *Pour les employés du* **GAZ** *et des* **OMNIBUS.**

Le Conseil a voté 600.000 francs pour améliorer la situation des Travailleurs du 'gaz; où en est l'affaire demandent chaque jour les intéressés.

Et certes, le 30 déc. 96 et le 23 déc. 97, le Conseil a par 2 fois, crédité 300.000 francs dans ce but, avec obligation pour la Compagnie de verser même somme. La Compagnie accepterait de donner les 300.000 francs, une fois payés, elle se refuse à des récidives annuelles. Et, elle aussi, cache l'état de son personnel, de ses salaires surtout. Les *allumeurs* disent ne recevoir que 4 francs, alors que le Conseil d'administration et le comité d'exécution du gaz touchent 300.000 francs par an.

Le 6 novembre 1899, le Conseil invite le préfet à assurer dans le plus bref délai possible l'exécution de sa délibération, du 26 juin 1899, prop. Vaudet, p. 3.381.

M. Lampué. — Voilà 5 mois que la Compagnie use d'atermoiements.

M. Labusquière. — Dans les premiers jours de juillet nous avions été avisés qu'une grève était sur le point d'éclater parmi les *allumeurs* et que le 13 au soir, veille de la Fête nationale, le gaz ne serait pas allumé. Nous avions le pressentiment que des influences occultes agissaient en ce sens. On a fait aviser la Compagnie que s'il y avait grève, des mesures seraient prises pour l'allumage et le gaz fut allumé.

1. Le moyen d'améliorer la situation des employés des compagnies de voitures sont la *moyenne fixe* ou mieux le *compteur* qui permet d'exactement baser le salaire sur le travail réel.
Les loueurs n'en veulent pas, mais le Parlement actuellement saisi imposera ce progrès.

A propos de la grève dernière, la Compagnie n'a pas tenu ses promesses, c'est toujours une faute grave que de manquer à la parole donnée (*très bien*).

Je lui demanderai des engagements précis car lorsqu'on a une fois manqué à sa parole on est jugé par moi.

M. Vaudet. — La Compagnie du gaz veut attendre les élections de 1900 pour lesquelles elle prépare une campagne effroyable afin d'obtenir un Conseil de meilleure composition. (*Bulletin municipal,* p. 3.382).

M. Blondeau. — C'est la Compagnie qui a voulu la grève pour créer des incidents au cours des élections. Le Conseil a voté 300.000 francs, que la Compagnie en fasse autant pour *ses* ouvriers. Il faut qu'elle sache qu'elle n'obtiendra pas la prolongation de son Monopole qu'elle ne continuera pas à faire des bénéfices scandaleux au détriment des petits commerçants des propriétaires et locataires dont elle se targue de prendre les intérêts.

MM. Blondeau, Chérioux, Rozier, Morel, Vorbe, Brard, Lampué proposent et le Conseil décide : la réintégration de tous les ouvriers ou employés renvoyés par suite de grève et « si d'ici *le 28 février* 1900 veille de notre expiration de mandat, il n'y a pas entente entre le Conseil et la Compagnie l'administration est invitée à mettre le service du gaz en régie » (1).

---

1. A ces importantes discussions fort documentées en faveur des employés du gaz, des *petits*, ont pris part en outre :
MM. Sauton, Vaudet, Vorbe, Chérioux, Pierre Morel, Navarre, Grebauval, Paris, Beurdeley, etc.

6° *Pour le* **PLACEMENT GRATUIT** *de l'employé
et de l'ouvrier.*

*(Bourse du Travail. — Bureaux municipaux
de placement gratuit dans les mairies.*

1° La Bourse du Travail de plus en plus uti-
lisée pour le placement des ouvriers et employés
comprend au *XX° siècle*, 266 syndicats dont 123 sub-
ventionnés de 962 francs en moyenne. Les plus nombreux sont ceux de le *Fédération du Livre*, 8.717 syndiqués ; les ouvriers *chapeliers*, 6.000 ; la *typographie
parisienne*, 3.129 ; les *coiffeurs* de Paris, 3.580 ; les
bouchers de Paris, 1.642 ; la *Fédération culinaire*, 2.629 ;
l'*ébénisterie et meuble sculpté*, 1.086, etc. On prévoit
que les 144 bureaux de la Bourse, et les 21 de son
annexe seront prochainement insuffisants pour cette
œuvre si utile qui échange avec toutes les autres
Bourses fédérées de France un état des chômeurs,
des demandes de travail avec prix de l'heure de la
région etc. — de façon à *placer* avantageusement.

Tous les employés ou gardiens de la Bourse, sont
d'anciens ouvriers devenus incapables de travail.

**2° Bureaux municipaux de placement gra-
tuit.** — Ils fonctionnent dans toutes les Mairies de
Paris, sauf les VII° et XVI° arrondissement et natu-
rellement le VIII° qui, on le verra p. 52, est le seul
à ne pas avoir de Patronages laïques. Ces Bureaux
qui pourraient uniformiser leur comptabilité et
leurs heures d'ouverture par exemple de 9 heures à
midi et de 2 à 5 heures placent surtout à demeure
mais parfois à la journée pour des *extras* (coups de
main, courses, corvées passageres). Tous ces place-
ments vont, augmentant chaque année ; en 1898 ils
ont dépassé de 6.231 ceux de l'année précédente.
Et, comme ces Bureaux analogues à ceux dits en
Allemagne « les indicateurs du travail » ne reçoivent

qu'un global de 35.000 francs de subvention, ils font beaucoup de bien pour peu. En évaluant à 5 fr. le prix exigé par les bureaux payants, ces *gratuits* ont depuis leur création économisé une somme de **1.250.000 francs** aux travailleurs.

Ces 1.250.000 francs ont leur éloquence.

Citons spécialement le bureau du VI⁰ qui donne sous forme de livrets de Caisse d'épargne des encouragements aux domestiques placés par lui et restés 3 ans dans la même place.

IV. — Ce qu'a fait le 9ᵉ Conseil pour tous les PROPRIÉTAIRES et LOCATAIRES de Paris

1° *Pourla défense des propriétés* CONTRE L'INCENDIE.

Le plan de campagne du service de Secours contre l'incendie que nous avons vu arrêté par le Comité de perfectionnement portait : 24 postes de périmètre dont 13 casernes et 11 postes de section. Il a été l'objet pendant les 4 années du 9ᵉ Conseil de perfectionnements incessants, si bien que le 2 juin 1897 (rapp. Deville), 16 postes sur 24 étaient en fonctionnement. Aujourd'hui 21 postes de périmètre sont desservis. Il n'en reste que 3 en voie d'achèvement au xxᵉ siècle. Auteuil et Bercy comme sections et Ménilmontant comme caserne (plans actuellement au concours). Les postes du Chateau-d'Eau et du Gros-Caillou, les casernes Jean-Jacques Rousseau et Montmartre sont terminés, la vieille caserne du Vieux-Colombier réparée. Notre si dévoué corps de Sapeurs-pompiers compte au xxᵉ siècle, 52 officiers, 185 sous-officiers, 1.516 caporaux sapeurs et clairons. Il a le même effectif qu'autrefois alors que Paris était de 1/3 moins peuplé et bâti. Il faudrait 150 hommes de plus cadres compris. Les dépenses sont de 2.626.729 francs et 49 *centimes* en 1900. Les théâtres en raison du récent sinistre du Théâtre Français étudient un service permanent mais n'ont donné que 105.000 francs en 1899 — au lieu des 110.000 de l'année dernière.

La contribution des Compagnies d'assurances à une protection d'immeubles dont elles bénéficient n'a pu être obtenue malgré sa généralisation à l'étranger aussi la Ville songe-t-elle à *assurer* de son chef et le 28 mars 1898, M. Véber fait adopter : « L'Administration est invitée à proposer un règlement d'organisation d'un service public d'assurances mobilières, immobilières et contre l'incendie. » En attendant le 9ᵉ Conseil tout en renouvelant le marché d'entreprise de traction du matériel (pompes à vapeur, dévidoirs, échelles de sauvetage, chariots de corvée, voiture de départ, etc.) vote pour le *XXᵉ siècle* la substitution d'une traction mécanique plus moderne et *rapide* — 2 fourgons automobiles avec accumulateurs toujours chargés et permettant la sortie de remise en 30 secondes sont déjà attachés aux postes d'incendie de l'Exposition.

2° Pour l'EAU. — Boisson.

Paris en est déjà bien doté, mais le 9ᵉ Conseil à demi, presque Conseil d'hygiène et comptant des médecins de valeur, poursuit quotidiennement un *mieux*, ici l'ami du bien. Au 27 décembre 1897, suppression du réservoir d'eau à *ciel ouvert* de Monceau, installation par contre de 2 générateurs et 2 moteurs nouveaux à l'usine de relai de Montmartre. Leur force de 80 chevaux chacun, donnera 30.000 mètres cubes par 24 heures au lieu des

17.000 actuels. La discussion du 28 novembre 1898 sur « l'alimentation de Paris en eau de source ou de rivière », est documentée de curieux détails. Au lieu des 13 litres d'eau par habitant de 1789, il y en a aujourd'hui 220 dont 114 d'eau de source.

Les concessions de cette eau sont au xx° siècle de 70.118, et d'eau de rivière de 13.000.

Dix mille maisons de Paris seulement sur 84.000 ne sont pas abonnées et s'alimentent aux bornes-fontaines.

Par jour, la grande ville l'Urbs consomme 183.000 m. q. d'eau potable, 127.000 d'eau de rivière pour l'arrosage, soit 210.000 m. q. quotidien. Mieux que nos 220 **m. q.** par habitant, Rome en a 440, Chicago 636. Paris tient le 2° rang des capitales d'Europe et le 13° de toutes les villes du monde. Il se fait malheureusement, surtout en sécheresse, quelque gaspillage, 100 litres coulent pour rafraîchir une carafe d'un litre et 22 à 25 0/0 de ce qui passe par les compteurs, n'est pas payé par la consommation.

L'aqueduc de Lunain, superposé à celui de la Vanne, pourrait donner 183.000 m. q., il n'en donnera que 50.000, mais la section est toute préparée pour cette augmentation. Il en coûtera 41 millions et de 1900 à 1930, 97 millions, soit un total de 138 millions, pour que Paris ait ses 400.000 mètres cubes d'eau de source par jour. Ce sera l'idéal (1).

3° *Pour l'*EAU. *— Assainissement.*

Mais il aura de plus 100.000 m. q. d'eau filtrée, de suppléance au besoin, mais plus idoine aux la-

1. Le prix du mètre cube d'eau emmagasiné varie de 10 à 100 francs. *Réservoir de Grenelle*, 6.300 m. q., 56 francs; Gentilly, 4.400 m. q., 32 francs ; Villejuif, 25.000 m. q., 57 francs; Montmartre, 11.000, mais aussi sur fondation de plateau de béton. 102 fr. 50. (*Bechmann*, Salubrité urbaine, p. 401.)

vages, arrosages, Tout à l'égoût, etc. Ils proviendront avec l'usine actuelle de St-Maur, qui filtre 40.000 m. q. quotidiens d'eau de la Marne, des récents *bassins filtrants d'Ivry*. Leur rendement a été du 12 juin au 1ᵉʳ août 1899 de 31.000 mètres par jour d'eau non microbique, mais moins fraîche que l'eau de source. C'est une application du filtre dégrossisseur, système Puech, substitué à une série de canaux de décantation, occupant une surface de 1.722 mètres carrés, tandis que ce filtre n'en détient que 672. Expérimenté avec succès à Nice, proposé par MM. Humblot et Bechmann, il consiste en de couches alternantes de sable et de cailloux de plus en plus gros sur une hauteur globale de 1 m. 40 ; le rendement est double de celui de la décantation. (28 mars 1899, MM. Ernest Moreau, Colly, Landrin, Berthaut, Fortin, etc.).

Des projets plus grandioses, destinés à amener à Paris l'eau du lac de Genève (600 millions de fr.) ou l'eau de la Loire près d'Orléans (300 millions), ce qui donnerait jusqu'à 2 millions de mètres cubes quotidiens, ont été écartés et réservés au beaucoup plus grand Paris de la fin de ce siècle (1).

Et cette eau de lavage des rues sur le sol, du Tout à l'Egout dans le sous-sol sert aussi aux *Piscines municipales* qui ne sont plus dites scolaires et ont pris grand accroissement. Celle de la place Hébert a reçu de mai 1896 à mai 1897, 120.000 baigneurs, elle ne coûte que 12.860 fr. (rapp. Blondeau n° 189) celle de la rue Rouvet, surtout celle de l'avenue Ledru-Rollin — avec 2 étages de cabines, lavabos, salle de vapeur, salle de repos, éclairage électrique, donnent même des bénéfices, les recettes ont été de 38.000 fr. en 1898, de 41.900 fr. en 1899. Et la dé-

1. Le grandissement de Paris, est de 16 à 18.000 habitants par an, ou en 100 ans, un million et demi et avec l'annexion vraisemblable d'une banlieue grandissante aussi, environ 5 millions d'habitants à la fin du siècle.

pense réelle de 27.100 fr. pour 107.005 baigneurs.

Soit 6 *centimes* par bain ou douche.

Ces piscines populaires complétant l'assainissement de Paris, sol et sous-sol par celui de l'individu sont à l'étude depuis 5 ans rue Blomet, où la Caisse des Ecoles du XV⁰, offre 25.000 fr. pour utilisation des eaux chaudes perdues du puits de Grenelle — à Passy, où l'eau artésienne se noie dans le Bois de Boulogne, enfin, au marché desaffecté des Pyrénées (XX⁰), pour lequel il a été voté 150.000 fr. (1).

Ajoutons pour être complets, que le 1ᵉʳ décembre 1899, autorisation a été donnée de prendre de l'eau de mer à Dieppe, sous condition de fournir 600 m. q. par jour de cette eau à 2 Piscines municipales et d'en vendre à prix réduit aux hôpitaux de Paris.

4° Ce qu'a fait le 9° Conseil pour la VOIRIE et les PROMENADES SUPERBES de Paris.

Le pavage en bois est si désiré de tous (et nous avions prédit cette vogue il y a 10 ans) (2), que le 4 mai 1897, une pétition des habitants de la rue Auber elle-même, demande qu'il soit substitué à l'asphaltage glissant pour les chevaux ou piétons, et d'autant plus dangereux en ce point, qu'il y passe 16.000 colliers par jour : Deux mois après le 2 juillet, les demandes affluent si bien, qu'on ne peut s'entendre pour une répartition par degré d'urgence, des 18.500.000 fr.; ils sont divisés en quote-parts pour chacun des 80 quartiers de Paris, (MM. Bassinet, Baudin, Girou, Ranson, Bellan, Faillet, etc., *B. M. O.* p. 2071 à 2.080).

1. La première des piscines municipales fut créée à Vienne (Autriche) en 1887. Ces bains-douches n'exigent qu'une faible quantité d'eau une courte durée d'occupation de cabine, ils sont économiques et efficaces. (*Rechmann*, p. 584).

2, *Trois ans de plus du Conseil.* Paris Dentu, p. 41.

Ce pavage de luxe est ainsi connu de tous les quartiers et mis en bordure de nombre de propriétés prenant plus-value (1).

Sans doute, une lacune de Voirie consiste en le non-classement de quelques voies privées, manquant d'air, d'eau et de lumière, bien que quelques-unes soient peu logiquement en bordure d'écoles municipales.

Il faudrait 50 millions pour les classer toutes, mais là, n'est pas l'obstacle, il gît dans la loi qui interdit tout classement de voies privées, larges de moins de 10 mètres. Il faut qu'on sache bien que ce classement échappe au Conseil dont ce serait au contraire la tendance mille fois affirmée comme pour ce *Tout à l'Egout*, aujourd'hui accepté et demandé. Une 1re liste de rues, a paru le 1er janvier 1898, une en 1899, une 3e comprenant 119 voies nouvelles de 34.847 mètres de longueur et 2.000 maisons riveraines a paru le 29 décembre 1899, rendant ce *Tout à l'Egout* obligatoire avant 1903. Il est aujourd'hui sollicité, — on s'en félicitera demain, — il donnera après-demain du mieux hygiénique et de sérieuses recettes urbaines.

On le verra.

2. Il coûte beaucoup moins que l'empierrement revenant encore au xxe siècle à 3.230.000 francs. « Il est à désirer que sauf les parcs et promenades il disparaisse et surtout de l'intérieur de Paris. Son entretien est de 2 fr. 44 le mètre carré, celui de l'asphalte de 1,26, du pavage en bois moins encore, grâce à la *régie* de la Ville (et c'est un de ses succès de *régie*) qui a abaissé de 50 0/0 l'ancien prix d'entretien payé aux concessionnaires. (Séance du 28 décembre 1899. *Bulletin* du 4 janvier 1900, p. 86).

L'usine, 2, rue de Cévennes, utilise les vieux pavés après décrottage et resciage. Pour l'asphalte, les lots sont exécutés non à forfait, ce qui paie trop ou pas assez, mais suivant les surfaces réellement exécutées. Et à la fois soucieux de l'ouvrier et de la Ville, le Conseil astipulé au cahier des charges « dans le cas ou en cours d'entreprise, il interviendrait une loi modifiant les conditions du travail des ouvriers, l'entrepreneur sera tenu de s'y conformer *sans augmentation de prix*. » (27 mars 1899).

5° *Pour* **LE BRILLANT ÉCLAIRAGE** *de Paris*
(*Gaz, Électricité, acétylène.*)

Le Gaz. — La Ville dépensait en 1898 pour
4.107.000 fr. de gaz, elle n'en dépense en 1899 que
3.750.000. Cela provient en partie de la diffusion de
l'Electricité mais aussi de l'économie des becs
Auer qui brûlent par an 139 fr. 67 de moins que
les coûteux récupérateurs heureusement disparus
dès le 1er octobre 1899 (1). Il y a encore 2.005 bec
Auer de 115 litres à réduire en le plus économique
de tous — celui de 100 litres.

Cette économie sans perte d'éclairage avec plus
de lumière blanche même qu'avant doit être d'autant plus louée que l'est moins par MM. Breuillé
Brard et tout le monde l'économie de 70.000 francs
par extinction à minuit de ʹ6.339 papillons de
140 litres votée par nécessité budgétaire depuis le
6 juin 1898.

A noter ici un brillant succès de plus de la *régie
municipale*.

Un manchon n° 2 coûte 1 fr. 45 et la Cⁱᵒ du gaz
prend à forfait 18 fr. par an d'entretien.

Un manchon n° 3 1 fr. 85 et elle prend **32 fr.**

On s'explique d'autant moins ces prix qu'il ne
faut que 7 manchons par an.

En réalité la *régie de la Ville* substituée à la coû-
teuse Cⁱᵒ donne dans le seul service où elle est
appliquée sur les **8** de nôtre éclairage parisien, une
économie de 80 *francs* par jour. (Rapp. Blachette).

2ⁿ **L'Électricité.** — 24 décembre 2.000 fr. de
crédits en vue d'une étude à l'étranger des services
municipaux d'éclairage (prop. Bos)— le 1er avril 1898
116.000 fr. sont affectés à l'amélioration de l'éclai-

1. 1.150 récupérateurs brûlaient 750 litres à l'heure, pour
13 carcels ; 866 autres récupérateurs brûlaient 550 litres, pour
8 carcels, tandis que dès le 1er janvier 1898, des brûleurs à manchons, consommant seulement 300 litres, donnaient — 20 *carcels.*

rage électrique dont 10.000 à la place de l'Etoile, adopté rapp. Muzet — le 24 juin transfert de l'usine d'électricité du Champ-de-Mars aux Buttes Chaumont.

Le nombre des lampes à arc dont le foyer-heure vient d'être réduit de 40 à 30 cent. — il est vrai, grâce à une prolongation de concession de 6 années — est actuellement au nombre de 262.

Un essai d'acétylène est en récente expérience place de la Concorde.

6° Pour l'**EMBELLISSEMENT** *de Paris pour y attirer et fixer* l'**ÉTRANGER**, *par hygiène meilleure et longévité démontrée.*

Pour les embellissements de Paris il faudrait citer nombre de voies; les rues Réaumur, la Boëtie, Charras prolongée, le square de la Sorbonne 900.000 fr., la réforme des décrets concernant la hauteur de la saillie des bâtiments (*B. M. O.* 3 janvier 1900, p. 60 et 16) les primes aux lauréats du concours d'appareils fumivores, 1er avril 1898, le Métropolitain et les tramways de pénétration, la part prise à l'Exposition par la Ville, etc.

Autant de *clous* avec ceux déjà dits en ces pages qui ne peuvent tout dire pour attirer l'étranger à Paris.

Mais ce qui l'y attirera plus encore c'est l'Hygiène parfaite, les services de prévention, de désinfection, une longévité promise et tenue. Les opérations d'une désinfection non encore *obligatoire* (elle l'est à New-York où tout logement de tuberculeux doit être remis à neuf) étaient en 1889 de 70 seulement et l'année suivante de 652 ; elles s'élèvent en 1899 à 63.783. L'air les eaux, les poussières contaminées sont vaincues par un personnel exercé ; l'eau bouillante, les solutions antiseptiques la vapeur sous pressions le *formol* un peu trop odorant, le soufre brûlé à raison de 40 grammes par mètre cube sont les habituelles armes quand on peut évacuer la chambre et habiter ailleurs. Mais ici comme partout cette fatalité de la vie « aux pauvres la besace » et qui devrait nous rendre si bons pour eux, s'appesantit sur les plus pauvres qui n'ont qu'une chambre. Alors les lavages au lait de chaux, à l'eau de Javelle, à l'acide phénique au 5 centièmes surtout au sublimé additionné de chlorure de sodium sont des moyens rapides n'exigeant pas absolument l'exode des miséreux. (rapp. Veber et Landrin).

Concurremment les ambulances municipales qui en 1890 n'étaient utilisées que pour 6.132 transports l'ont été pour 1899 (et en 10 mois seulement) pour 32.387 blessés malades, non contagieux ou contagieux. Une nouvelle station va être ouverte en 1900 sur la rive gauche avec matériel et station annexe.

Grâce à cette tenace lutte, depuis 20 ans la mortalité a baissé à Paris de 10 0/0

	Mortalité p. 1.000 hab.	par maladie Zymotique.	
1888-92	23,70	2,05	57.000 décès en 1888.
1893-97	20,10	1,09	50.000 avec population augmentée en 1898.
1898	18,27	0,67	

En réalité *par année* 7 à 8.000 décès *évitables* — mais non évités jadis — le sont aujourd'hui. Et au taux actuel des Désinfections (budget de 1900 346.726 fr.) chaque vie humaine ainsi économisée revient à 44 francs.

C'est là ce qui attirera le plus sûrement l'étranger riche en nôtre Paris de bonne santé.

Un autre progrès fort accueilli aussi par lui par le locataire et le propriétaire de Paris est le *Fichier sanitaire de l'habitation* donnant pour chaque maison sa topographie, description, cas contagieux survenus, désinfections en un mot son *histoire hygiénique*. Il est à peu près terminé. Et déjà, sur 72, 108 maisons aujourd'hui décrites réparties en 3.500 voies publiques d'une longueur totale de 963 kilomètres, **190** propriétaires seulement (c'est-à-dire une quantité négligeable) ont opposé un refus formel à ce progrès qui est en réalité un certificat de vie, d'habitabilité hygiénique — par conséquent de bonne location — pour l'immeuble.

V. — Ce qu'a fait le 9· Conseil pour les ENFANTS de toutes les FAMILLES de Paris

I. — Avant l'École.

1º *Pour les* **TOUT PETITS** (*Crèches, classes enfantines et écoles maternelles*).

L'École! ah, voilà bien le souci premier du Conseil municipal de Paris, sa grande œuvre.

M. Labusquière. « Il faut défendre le cerveau des enfants contre des notions inadmissibles et qu'on le leur maintienne assez frais pour que les convictions personnelles puissent y pousser un jour. » (*Très bien*)

Et plus loin : « Les dépenses de l'enseignement figurent au 1er rang parmi celles que nous avons le plus vif désir de voir accroître. » (22 décembre 1899 *Bulletin officiel*, p. 2.240.)

Aussi une simple énumération suffit de faits qui parlent : Le 19 mars 1897 encouragement et secours pour amélioration des crèches 9.000 fr. ; — pour crèches nouvelles, 4.000 ; subventions à divers dispensaires pour enfants malades, 5.935 fr. — Le 5 juillet et le 30 décembre ; 20.000 fr. pour la crèche du XVIIIᵉ, avenue Mac-Mahon, et création d'une crèche nouvelle, 142, rue du Pont de Flandre —Le 27 juin 1898 ; Berck étant insuffisant, 25.000 fr. pour envoi d'enfants au sanatorium de Saint-Trojan (île d'Oléron), 40 lits. — Le 24 décembre 1897 : création d'une école maternelle avec classes enfantines rue du Château-d'Eau, à la place d'une caserne de pompiers reconstruite ailleurs, etc.

Nous ne pouvons hélas, ici tout dire.

Et le personnel n'est pas oublié. On a déjà vu (p. 13) qu'associant les vieux et les tout petits en une sollicitude égale, le Conseil a decidé que les hommes ou femmes âgées de plus de 40 ans entreraient pour 1/3 dans le personnel de service des Ecoles.

Le 16 juin 1899, il s'occupe des dévoués professeurs de ces petits : « Toutes les maternelles cherchent à passer primaires, car l'on a le jeudi libre l'on arrive plus tard et s'en va plus tôt avec plus de vacances, les mots de sacrifice, voire de passage de stage nécessaire ne les consolent pas ». Le Conseil leur accorde satisfaction avec 2 mois de vacances, un crédit de 41.400 fr. pour payer les suppléances à raison de 7 fr. 50 par jour et pendant 2 semaines d'août les écoles seront fermées, nettoyées et désinfectées. Ces tout petits élèves des écoles maternelles sont actuellement 26.500 et 2.121 dans les écoles enfantines (1).

II. — A l'École.

2° *Pour l'enfant de Paris à l'ÉCOLE PRIMAIRE*

Oui l'enseignement et l'Assistance sont des gouffres on l'a dit et répété, mais des gouffres de bien touchante humanité parisienne. Sur les 50 millions de l'emprunt de 1892 pour les écoles 11 ont été employés à remplacer les écoles de bois, 17 à agrandir celles existantes, 12 à construire des écoles nouvelles, enfin 12 autres à acheter des écoles louées avec promesse de vente. En 1897, dit *M. Bedorez* « 25 écoles nouvelles se sont ouvertes avec 24 classes nouvelles de garçons, 24 de filles et

32 maternelles, soit en tout 4.000 places toutes neuves ».

Sans doute il y a encore trop d'expectants et *M. Girou* dans une question sur l'application de la loi d'enseignement *obligatoire* a pu dire : « En 1896 sur 225.880 enfants constituant la population scolaire de Paris 132.852 sont dans les écoles communales 7.000 sont instruits dans les familles, 65.000 vont aux congréganistes peut-être à défaut d'autres écoles enfin 18 à 20.000 échappent à la loi. Et l'on ne peut les obliger puisque la Ville de Paris n'a pas assez de places. »

M. Chausse : « Beaucoup de parents ne font pas de démarches parce qu'ils savent qu'il n'y a pas de places ». *M. Grébauval* : « Il faut être protégé pour entrer à l'école communale » (*Très bien*).

Sans doute il y a eu quelques dépenses faites de geste trop large puisque M. Bedorez a pu assurer sans crédits par ses ressources propres le service des classes de garde mais enfin l'œuvre est superbe bien édilitaire parisienne et M. Lucipia a pu dire : « C'est l'honneur de Paris d'avoir donné l'exemple d'avoir fait que dans la loi scolaire sont inscrites l'obligation, la gratuité et aussi la laïcité » (*Applaudissements*) Sur ces justes paroles le Conseil vote le principe d'un emprunt de 300 millions destinés aux écoles et à l'Assistance publique. (*Bulletin officiel p.* 3.074 3ᵉ *col.*) et « M. le Préfet est invité à préparer un projet d'emprunt de 55 millions exclusivement destiné à la construction d'écoles primaires élémentaires » (proposition signée de 20 conseillers et adoptée) (1).

Ce souci vif du Conseil pour la *primaire* et son bon fonctionnement pour les petits Parisiens se traduit encore par une question de M. Chausse sur les inspec-

---

1. *Par an*, chaque enfant coûte à la Ville. En l'école maternelle, 139 francs ; à la primaire, 164 francs ; à l'école professionnelle, de 777 à 1.209 francs.

tions primaires : *M. Parisse* : « Je ne serai contredit par personne en disant que dans nos circonscriptions beaucoup de classes ne sont pas inspectées une fois tous les 3 ans. Je puis même dire que la classe de certains maîtres n'a jamais été inspectée ». *M. Navarre* : « Ils n'inspectent pas du tout ce sont des fonctionnaires d'Etat M. le Directeur de l'enseignement primaire est forcé de s'en servir ».
M. Labusquière : « Je vous demanderai quelles mesures vous comptez prendre pour contraindre ces fonctionnaires à s'acquitter de leurs fonctions. Avez-vous entre les mains une autre arme que les notes à donner? Il faut que le public sache que si l'inspection des écoles est mal faite dans certaines écoles ce n'est ni la faute du Conseil, ni celle du Dr de l'Enseignement alors on pourra trouver étrange qu'il existe un ministre tolérant de pareilles négligences ».

M. Chausse : « L'Etat seul est responsable et fait la sourde oreille, il importe que la population soit informée que le Conseil n'est pas armé contre les inspecteurs » (p. 3.862).

Le Dr de l'Enseignement n'a en effet d'autre influence que ses notes, il ne peut ni placer, ni déplacer (4 déc. 1899) (1).

3° *Pour l'enfant de Paris à l'école primaire* **SUPÉRIEURE** *ou* **PROFESSIONNELLE.**

17 nov. 1899. — Les enfants des instituteurs et institutrices de la banlieue seront admis dans les Ecoles primaires supérieurs aux mêmes conditions

1. A propos du Certificat d'études de 1899, le Conseil adopte prop. Colly : « que les rédactions des élèves des écoles congréganistes seront conservées pour être examinées au point de vue de leur enseignement sur les 3 dates révolutionnaires qui en sont le thème » (19 juin).
Plusieurs en effet dénotaient une vue spécialement étroite et un peu à la Loriquet de cette haute émancipation humaine.

que ceux des Ecoles de Paris, proposition Clairin adoptée.

Les lots fournis à certaines loteries d'enseignement par les écoles professionnelles, jadis limités à 100 fr.. pourront dépasser ce chiffre 10 mars 99. Les bourses de voyage à l'étranger de 1.500 fr., chacune sont triplées de nombre et portées à 3 par école, pour les écoles Turgot, Colbert, Arago, Lavoisier. — Le 6 mars 1899 : création à l'école Diderot d'un poste de surveillant de l'outillage et de la production analogue aux chefs des travaux des écoles Boulle et Estienne. Puis cette production est fraternellement prêtée pour l'enseignement d'autres écoles, — 30 décembre 1898. cession gratuite à l'école de Charenton de modèles en bois fabriqués à Diderot. Mais *l'esprit d'économie* d'un Conseil qui ne grossit que les dépenses fructueuses ou d'impérative humanité se traduit par la suspension de la mensualité de 50 fr., payée jadis *à tous* les élèves de l'École de physique et chimie (Dr M. Girault) et devenue *facultative* le 10 mars 1899. Des fils de riches s'y glissaient comme l'ont fait quelques malades dans les hôpitaux pour même cause de gratuité, comme il est pratiqué parfois en les écoles primaires supérieures (Clairin).

Nous avons en de précédentes brochures traité à loisir l'enseignement primaire des écoles supérieures et professionnelles. Nous donnerons ici quelques chiffres *actuels* sur leur situation au XXe siècle.

L'Ecole Dorian (Directeur M. Albert) internat primaire d'abord aménagé pour 140 élèves puis trop chèrement reconstruit pour 300, reçoit des enfants de 8 à 13 ans orphelins de père ou de mère ayant 4 frères ou sœurs etc. L'internat est depuis 1892 de plus en plus connu sollicité, et — débordé — les demandes affluent ; il prépare au certificat d'études, aux concours de Diderot, Boulle, Estienne,

voire par exception à l'Enseignement secondaire
(Marsoulan, Faillet 8 juillet 98).

Aux écoles professionnelles de filles chaque élève
revient: Ecole de la rue Bossuet, à 334 fr. annuels,
rue de la Tombe-Issoire, 346; de Poitou, 351 ; Jacquard, 380 ; Fondary, 390 ; Ganneron, 439. Ajoutons qu'en cette dernière et rue de Poitou un cours
de sténographie et de machine à écrire fonctionne,
« le commerce demande beaucoup de ces jeunes
filles et elles se placent bien ».

Pareil cours a été inauguré rue Bouret le 1er janvier 1900 (vote du 22 décembre 1899).

Pour les garçons c'est un peu plus cher: Diderot
(Dr M. Legros) 613 fr., par élève; Estienne (M. Fontaine) 1.000 fr., Boulle (M. Moulié) 1.209 fr., tandis
que le collège Rollin (M. Rousselot) ne coûte en
moyenne que 452 fr. et Chaptal (M. Weill) 440.
Pour ce dernier voici les professions des parents :
employés de commerce 94, des chemins de fer 84,
rentiers 126, ingénieurs 58, négociants 33, instituteurs 28, publicistes 18, architectes 18, concierges
10, couturières 20. Un mélange on le voit de toutes
les professions — une vrai démocratie.

Quant à ce que deviennent les élèves de *Turgot*
pris comme exemple; sur 990 sortis en 10 ans de
1890 à 1899 (rapp. Blondel) 337 sont dans le commerce, 138 industriels et dessinateurs.

32 *seulement sont fonctionnaires* (rapp. Clairin) (1).

III. — Après l'École.

4° Ce qu'a fait le 9° Conseil pour les **PATRONAGES**

C'est là une œuvre propre au 9e Conseil et qui a
pour but élevé de faire de l'écolier — un homme.

1. Les Ecoles Germain Pilon et Palissy ont obtenu de vifs
succès au Concours des grands magasins du Louvre, le 10 juillet
1898. A l'école Colbert se rattachent les noms de MM. Pizard,
Hersent, Fabié, à l'école de physique et chimie ceux de Schutzenberger, Lauth et Gariel. Cette école prend un grand développement comme Sophie Germain pour les filles (435 élèves).

En 1898 le Conseil Municipal en subventionnait 78 avec 27.000 fr.

En 1899 le Conseil Municipal en subventionne 96 avec 29.400.

C'est là une institution grandissante, prolongement de l'école, destinée à perpétuer sa solidaire camaraderie. Le XIV° a 11 de ces associations excellentes, le XIII°, 10; les XI°, XV° et XX° arrondissements, chacun 9: le II° et le XII°, 7. Seul des 20 arrondissements de Paris, le VIII° n'a pas de ces Sociétés fraternelles de mutuelle défense en la vie et pour lesquelles de trop faibles subventions varient de 1.000 à 200 et même 150 fr. (1).

Les *Cours d'adultes* au si méritant travail consenti — *après le travail* — cours du soir laborieux après la laborieuse *journée* figurent au XX° siècle pour 283.530 fr. en le budget municipal de 1900. Il y a à Paris 41 cours d'hommes et 29 de femmes.

Les trop faibles subventions à des établissements d'enseignement se sont continuées et bien souvent grossies. Après celles déjà dites ailleurs citons seulement : 36.000 fr. à l'école pratique des hautes études, 10.000 fr. à l'Institut Pasteur, 15.000 fr. au Musée Guimet, aux chaires d'évolution des êtres organisés et d'histoire de la Révolution Française, créées sur proposition de M. Millerand en 1885, 28.000 fr. 15.000 fr. chaque aux associations polytechnique et philotechnique, 2.000 fr. à l'Association générale des étudiants « encouragements à cette jeunesse pratiquant les grands principes de solidarité » etc. (rapport Lampué 23 octobre 1899).

5° *Pour* **FAIRE LIRE**

287.000 francs figurent au Budget de 1900 du XX° siècle, pour les 75 *Bibliothèques municipales,*

1. MM. *Léon Bourgeois* et *Edouard Petit* ont été les apôtres de ce mouvement en France. Il n'existait en 1895 que 34 patronages il y en a 986 en 1899. Les départements qui en ont le plus, sont le Nord, 167; la Seine, 108; le Pas-de-Calais, 103, etc.

elles occupent un personnel de service de 302 agents et 2 nouvelles ont été ouvertes en 1899 (rapp. Vorbe.) Les *Bibliothèques populaires* dont la 1re fondée dans le IIIe arrondissement en 1863, puis d'autres dans les XVIIIe, XIVe et XIXe, sont aujourd'hui au nombre de 17 et font, outre le prêt de livres si apprécié d'utiles conférences avec projections etc.

Le *Cycle* lui-même un peu dépassé comme vogue et vitesse par le motocycle et l'automobile se voit accorder par le Conseil, la piste de Longchamps, pour les courses des fonctionnaires de la Préfecture de le Seine le 7 juin 98, pour l'Union vélocipédique des Champs-Elysées; (5 juillet 1897), le 27 juin, pour les employés du Comptoir d'escompte, enfin 150.000 fr. sont accordés par la Ville qui se paiera sur les recettes Expositionnelles pour la construction d'une piste vélocipédique au Bois de Vincennes (Quentin-Bauchart).

Ce qu'à fait le 9° conseil pour le **PERSONNEL ENSEIGNANT**

Son importance — Les Écoles de Paris au XX° siècle

	Ecoles de garçons.	Ecoles de filles.
Directeurs.	191	206
Secrétaires généraux	4	6
Adjoints titulaires	1494 (1).	1482
Stagiaires.	37	16
Total.	1726	1710 = 3436
Population scolaire	74.128 garçons.	71.122 filles.
Nombre de classes	2.413	1.435

Il y a de plus 120 hommes et 139 femmes de service avec 337 concierges payés eux de 350 à 500 fr. et logés en bonnes loges, 5 seulement ne le sont pas (rapp. Chausse, n° 205).

1. 384 adjoints et 454 adjointes ont plus de 5 ans de 1re cla et droit à l'indemnité. 42 seulement l'ont touchée en 1898; 84 en 1899, mais elle a été *triplée* en 1900 soit 37.800 fr. et 126 adjoints ou adjointes en bénéficient.

Vu l'importance de ce personnel le 9° Conseil a beaucoup fait pour lui et suivant sa généreuse coutume — pour les plus petits.

19 décembre 1896. Organisation d'un cadre fixe de remplaçants, classes de garde et services de vacances assurant à la fois un traitement fixe à un personnel (300 titulaires, 75 hommes et 225 femmes) qui, depuis 1886 n'avait aucune sécurité du lendemain, et l'école ouverte de 7 h. du matin à 7 h. du soir — ce qui empêche un néfaste vagabondage de la rue.

Le 19 mars 97 invitation à l'administration de payer régulièrement les maîtres auxiliaires de l'enseignement « le 14 mars ils n'ont pas encore reçu leur mois de février. »

1° *Pour le* **Recrutement** *et l'***Avancement** *du personnel* une vive discussion s'élève le 25 mars 1899, M. Parisse rappelle que jadis la faveur, l'arbitraire, le *piston* décidaient tout. M. Chausse, tout en regrettant qu'un règlement d'avancement ait paru en dehors du Conseil, avoue que M. Bedorez digne successeur de M. Gréard qui créa cette direction a nettement déclaré en 1898, que l'enseignement devait se baser sur la *Déclaration des Droits de l'Homme*. Le Conseil émet le vœu de ne faire venir à Paris que des institutrices munies du brevet supérieur, et constate leur position améliorée tous les 3 ou 4 ans, par une *promotion de classe*, qui demande 8 ou 10 ans en province — « Paris qui dépense 22.500.000 fr. en tout pour l'enseignement, aurait le droit d'être traité autrement que des communes qui reçoivent tout de l'Etat. » Enfin, le 1ᵉʳ décembre 1899, MM. Clairin, Patenne, Lefèvre, Vaudel, Parisse et Piperaud, demandent que des congés annuels renouvelables soient accordés d'office aux instituteurs ou institutrices atteints d'affections contagieuses des voies respiratoires, mais *sans que* le traitement ou les droits à la retraite puissent être diminués en rien.

Le 9ᵉ Conseil n'est pas seulement généreux pour son si intéressant personnel *primaire*. Nous avons vu (p. 48) ce qu'il a fait pour les écoles maternelles. Le personnel technique des écoles professionnelles régi par une législation arlequine, n'a ni sécurité, ni retraite, ni même uniformité de concours, l'enseignement variant ici et là. Ce personnel est, de plus surmené *M. Blondeau* : « Un tiers des professeurs sont malades ; sur 6 directrices, 3 ne peuvent faire leur service. »

M. Bedorez. — « Une même est morte. » Cependant la proposition de 6 semaines de vacances est écartée, le Conseil décide que l'atelier n'ayant pas de vacances, il ne faut pas habituer l'apprenti à un chômage de 2 mois (7 juillet 97).

En revanche, le 11 juin 1899, une majoration des traitements, l'assimilation de la 2ᵉ catégorie à la 1ʳᵉ et une Caisse de retraites sont votées pour ce naguère si disgracié personnel technique.

2° *Pour la* **considération** du personnel. — Le 22 octobre 1897, réception des instituteurs et institutrices à l'Hôtel de Ville à l'occasion du 25ᵐᵉ anniversaire des Ecoles normales — le 15 novembre, Mˡˡᵉ Verone, qui avait assisté à une conférence sur *l'Éducation de l'enfance*, organisée par la *Libre Pensée* d'Orléans, est blâmée ; le Conseil affirme que « hors de l'Ecole, les membres du corps enseignant ont, comme tous les hommes, le droit d'avoir une pensée ». M. Lefèvre cite le cas de trois professeurs de l'enseignement primaire secondaire et supérieur Suisse qui ont assisté, sans aucun dommage, au Congrès socialiste de Londres. Dans ce même esprit de liberté, le 29 novembre une question est posée au sujet du déplacement d'une institutrice de Paris — qui se promenait criminellement à bicyclette.

Le 20 mars 1899. En réponse au roman de M. de

Vogué où un rôle odieux est attribué à une jeune élève de l'Ecole de Fontenay, le Conseil décide que le nom de Pécaut, fondateur et organisateur de cette Ecole, sera donné à une rue de Paris. Enfin, le 28 décembre une médaille d'or est décernée par le Conseil à Mlle Grandhomme, initiatrice du 1er cours de couture, coupe assemblage et *utilisation des vêtements du ménage* pour son dévouement de 30 années à la population laborieuse.

VI. — Ce qu'a fait le 9e Conseil élu pour les SAVANTS, ARTISTES et PENSEURS de Paris.

Ici il suffit d'énumérer de 1897 au xxe siècle et en leur ordre : — 12 mars 1897, 3.000 fr. à l'Observatoire municipal pour étude des gaz du sol ; — 4.000 fr. à M. Gréhant pour recherches sur l'oxyde de carbone dans ses applications à la Physiologie et à l'Hygiène ; — Création d'un Laboratoire radiographique à l'hôpital Trousseau.

31 mai, Installation d'un service d'opérations pour le Dr Campenon à la Charité ; — 800 fr. pour envoi de pièces d'enseignement du Musée de l'Hôpital Saint-Louis aux Congrès de Moscou et de Berlin ; — Organisation d'un Laboratoire de radiographie à la Salpêtrière ; — 500 fr. envoi de délégation au Congrès d'hygiène de Madrid ; — 25 décembre 1898, 1.000 fr. à la Société d'acclimatation de France ; — 2.000 fr. de subvention à l'École supérieure d'électricité, Dr M. Mascart ; — 22 décembre 1899, 2.000 fr. au Comité d'organisation d'un Congrès international d'enseignement des sciences sociales en 1900 ; — Bail de 50 ans avec loyer nominal *d'un franc à l'Institut national américain de Paris* ana-

logue à nos Ecoles françaises de Rome et d'Athènes
et qui décernera des prix *dits de Paris* ; 1.250.000 fr.
sont déjà souscrits en Amérique ; directrice :
Miss Matilda Smetley ; — 30 décembre 1899, subvention aux laboratoires radiographique et radiosco-
pique de MM. Contremouliéras et Vaillant aux
hôpitaux Necker et Baudelocque, etc.

2° *Pour les* **ARTISTES PEINTRES** *de Paris.*

Signalons parmi les achats faits aux deux salons
annuels : *Bail* les Joueurs de cartes ; *Margerie*, le
Soir ; *Grillet*, Paris vu du haut de Belleville ; *Loir*,
Souvenir du 7 octobre à l'Hôtel de Ville ; *Bira*, le
matin à Villeneuve, l'Etang, — *Boudin*, Coup de vent
à Frascati (le Hâvre) ; *Leboury*, Notre-Dame de
Paris ; *J. Rousseau*, la Soupe aux Halles, etc.

En 1898 : *Lecomte*, La Seine au Pont au Change ;
Carl Rosa, La Rivière : *Darien*, les Halles de Paris,
Guillemet, au plateau de Châtillon ; *Didier-Pouget*,
Le Matin ; *Iwill*, Fin de jour à Chenevières ;
Raffaelli, l'Institut ; *Desboutins*, Marchand d'ognons
de la Riviera ; — En 1899 ; *Perret*, l'Aïeule ; *Rigolot*,
Fin d'un beau jour d'octobre ; *Buland*, la Proces-
sion ; *Delasalle*, le Terrassier, etc., etc.

3° *Pour la* **SCULPTURE L'ARCHITECTURE LES OBJETS D'ART**

Citons ici en architecture le Concours de façades
qui, en 1898, a donné des prix si retentissants ; les
modifications apportées aux règlements sur la hauteur et les saillies des bâtiments de Paris, le prochain
et si attendu dégagement du Conservatoire des Arts
et Métiers, la décoration sculpturale de la Sorbonne,
deux statues assises de Victor Hugo et de Pasteur.
de 2 m. 30, personnifiant la science et la littérature
modernes comme Archimède et Homère les an-

ciennes : enfin de nombreux mais peut-être pas encore assez nombreux achats au Salon.

1° *Sculpture* : — de *Gaspary* Désolant écho ; *Perron* l'Epave ; *Debu*, le Coup de collier ; *Vital-Cornu*, Douceur langoureuse, statue de marbre ; *Galy*, le Datura, statue de bronze ; *Barreau*, Diane chasseresse ; *Faure*, la Délivrance ; *Moncel*, Fantaisie ; *Pendariès*, Aux Champs ; *Octobre*, le Renard, etc.

2° *Objets d'Art* : — *Deschamps*, l'Industrie ; *Richard* Vase porte-bouquet ; *Laligné*, Peigne de femme en écaille et or ; *Aubé*, la Source, encrier en argent et cristal de roche : *Delaherche*, un plat verni en bleu-faïence ; *Gallé*, Vase en mosaïque ; *Allouard*, L'amour frileux, bas-relief ; *Vernier*, la femme au chien ; *Lasserre*, la Source, médaille d'argent gravée ; *Point*, Coffret en émaux opaques et translucides, etc.

4° *Pour la* LITTÉRATURE *la* PENSÉE *et la* LIBRE PENSÉE *de Paris*.

1° **Par les livres** : — Souscription à l'œuvre défi-nitive de *Michelet* (2 exemplaires) à 180 francs ; — à l'ouvrage de *Pierre Bardin* : les Grandes journées populaires ; — aux Fêtes Nationales et chants populaires de la Révolution, par *Pierre Constant* ; — à l'Autrefois de *John Labusquière* ; — à 400 exemplaires de la Révolution Française, par le *Dr Robinet* ; — à l'ouvrage : de Paris à Edimbourg par *Mme Edgar Quinet* ; — à la Langue sacrée d'*Emile Soldi* ; — à l'Histoire de la Commune, par *Lissagaray* ; — à la Liberté du Théâtre du peuple de Bussang par *M. Pottecher* ; — Au Vignole des mécaniciens par l'ingénieur *Armengaud* ; — à la traction électrique sur les voies ferrées, par *M. Blondel* ; — au Dictionnaire historique et biographique de la Révolution et de l'Empire et à « un héros de la Défense Nationale Valentin, » par *Delabrousse*, etc.

2° Par les Monuments (et pas seulement à Paris). — Subvention au monument de Madier de Montjau à Bourg-Saint-Andeol (prop. Astier); — au monument de Dubois-Crancé, 10 juillet 1896; — 500 francs pour une statue à Frédérik-Lemaître; — 200 francs au monument de Toussenel; — 500 francs au monument de Vauban; — 500 francs au monument d'Alphonse Daudet; — 2.000 francs au monument de Puvis de Chavannes et à celui de Chabas, égyptologue émule de Champouillon à Chalon-sur-Saône; — 300 francs au monument de Lavoisier; — 1.000 francs pour le buste de Schutzenberger à l'Ecole de physique et de chimie dont il fut l'âme même; — au monument de Charcot par Falguière devant le mur de gauche de la Salpêtrière demande du D' Brouardel etc.

<h3 style="text-align:center">5° Pour la RÉPUBLIQUE
et L'IDÉE RÉPUBLICAINE</h3>

Hommage à la mémoire de Cavalotti adressé aux députés italiens et attribution de son nom à une des rues de Paris; — achat de 21 exemplaires des mémoires de la Reveillère Lepeaux; — rachat d'une collection de journaux de Marat (63 volumes) pour le Musée Carnavalet; — 200 francs au monument de Maria Deraisme, place des Epinettes; — 6 novembre 1896 reception à l'Hôtel de Ville de la Ligue de l'Enseignement; — Acceptation de 25.000 documents sur la Révolution Française offerts par le *British Museum*; — 2.000 francs au Conseil général de la fédération internationale de la Libre Pensée.

27 juin 1898 6,000 francs pour la célébration du Centenaire de Michelet; — 11 décembre 1899, (prop. Breuillé), allocation de 80.000 francs aux indigents, à l'occasion de la fête du Triomphe de la République.

M. Breuillé « Je suis heureux des étrennes que le Conseil municipal va faire distribuer aux malheureux ».

Les noms de rues votés par le 9ᵉ Conseil répondent aussi à ce désir d'honorer les Sciences, les Arts, les Lettres, les idées aujourd'hui inséparables de France et de République.

Ici encore nous ne pouvons tout citer.

1° *Pour les Sciences.* — 7ᵉ arrondissement, rue Sedillot; 13ᵉ rue Abel-Hovelacque; 15ᵉ rues Laënnec et Brown-Séquard.

2° *Pour les Lettres.* — 8ᵉ arrondissement, rue Arsène-Houssaye; 11ᵉ rue des Goncourt; 13ᵉ rues Henri-Becque et Léon-Gondinet; 14ᵉ rue Alphonse-Daudet; 15ᵉ rue François-Villon; 16ᵉ rue Auguste-Maquet; 19ᵉ rues Edouard-Pailleron et Henry-Murger etc.

3° *Pour les Arts.* — 9ᵉ arrondissement rue Ambroise-Thomas; 11ᵉ place Pasdeloup; 14ᵉ rue Leopold-Robert; 15ᵉ rues Carrier-Belleuse et Jules Dupré; 16ᵉ place Chopin et rue Paul-Delaroche; 17ᵉ rue Puvis-de-Chavannes; 18ᵉ avenue Rachel; 19ᵉ rue Melingue; etc.

4° *Pour les idées de Défense française et de République.* — 5ᵉ arrondissement, rue de Bazeilles; 7ᵉ rues Edmond-Valentin et Dupont-des-Loges; 10ᵉ rue Eugène-Varlin; 12ᵉ rue Santerre; 15ᵉ rues Garnier-Pagès, Mizon, Considérant et Vercingétorix; 17ᵉ rue Delescluze etc.

Les COLLABORATEURS *du* 9ᵉ *Conseil,* *ses* AIDES *en* ART *et* PHILANTHROPIE.

Dons au Musée Carnavalet. — 9 mars 1898 : Don par les héritiers Hamel de la collection de tableaux de leur père sur des scènes de la Révolution ; — 13 mars 1899, par la famille Carnot d'un exemplaire unique avec plaquette d'or ciselé par Meissonier de la liste des 60.000 exposants français de 1889 par groupe et par classe ; — le 30 juin par M. Cheneau 20 années de l'Almanach de la Cour de la

Ville et des députés ; — le 10 juin, par M. Aimé Desmottes un buste en cire de Henri IV exécuté *le 15 mai* 1610 par Michel Bourdin ; — le 11 décembre, M. Fabre de Larche offre de nombreuses gravures et objets d'art de l'époque révolutionnaire à la condition qu'il soit créé une salle Fabre de Larche. Nombre d'autres dons et à regret, on ne peut tout citer, sont faits par Mmes Floquet, Guillemet, Bohn, Baroche, MM. François Raspail, Maindron, Marcuse, Beraldi, Emile Goudeau, duc de la Trémoille, etc.

En même temps que ces dons d'art n'oublions pas ceux destinés à diminuer la misère humaine ; — don de 20.000 fr. au Bureau de Bienfaisance du XVIIe, M. Pabat ; — Mme Rivière, née Forget, 5.000 fr. à l'Assistance Publique ; — M. Alvarez, 5.000 fr. pour les pauvres de Paris ; — M. Caillaux, 5.000 fr. pour les nécessiteux de Paris ; - Mlle Sybertz, 10.000 fr. ; — M. Gillot, 10.000 fr. au Bureau de Bienfaisance du XVIIIe ; — M. Delondre, 25.000 fr. aux pauvres de Chaillot ; — M. Grimaud, 25.000 au Bureau de Bienfaisance du Xe arrondissement ; — Mme la Comtesse d'Argy, 6.000 fr. ; — M. Priès 4.000 fr. aux pauvres des 20 arrondissements ; — Mme d'Augereau et M. Théret, 6.000 fr. ; — 18 novembre 1898, legs Bayard, rente annuelle en faveur des orphelins d'ouvriers ayant péri dans les travaux « leur quotidien champ de bataille » ; — M. Le Blanc 20.000 fr. pour prix annuels dans les Ecoles municipales, etc., etc. Le rapporteur M. Labusquière, en exprimant le vœu que la Bibliothèque de Carnavalet soit ouverte jusqu'à 10 heures du soir « car de midi à 4 heures il n'y a que des privilégiés » fait adopter « qu'une liste des donateurs, sur beau papier, sera envoyée avec son rapport à chacun des collaborateurs d'art du Conseil ».

VII. — Le 9ᵉ Conseil TRAVAILLEUR

1ᵒ *La* **DIRECTION** *du travail (les 4 bureaux.)*

Octobre 1896. — 1ᵉʳ Bureau : MM. Baudin *président*, 59 voix ; *vice-président* : Brousse, Landrin, *secrétaires*, Breuillé, Chérioux, Rebeillard, Ranson.

1897. — MM. Sauton *président*, 40 voix ; Puech et Breuillé *vice-présidents* ; Archain, Rousselle, Labusquière, Alfred Moreau, *secrétaires*.

1898. — MM. Navarre, *président*, 41 voix : Chéroux et Astier, *vice-présidents* ; Gras, Achille Weber, Moreau, *secrétaires*.

1899. — 4ᵒ *Bureau* MM. Lucipia, *président*, 47 voix ; Labusquière et Weber *vice-présidents*, Desplas, Vivien, Le Grandais, Rozier, *secrétaires* ; — M. Bellan, *syndic* des 4 années.

— Les groupes du 9ᵉ Conseil ; *Groupe des Droits de Paris et Union socialiste : 55 conseillers ; — Républicains municipaux 15 ; — Droite 9 ; — M. Caplain 1.*

2ᵒ *Durée des* **SESSIONS** *et de la discussion du* **BUDGET**

En 1896 (car le Conseil siège pour la 1ʳᵉ fois **quatre années** par 1ʳᵉ victoire de *droit commun* (1) il y a 38 séances du Conseil municipal, 8 du Conseil général — en 1897, 63 et 18 ; en 1898, 50 et 12 ; en 1899, 58 et 15 soit en tout 209 séances du Conseil municipal et 53 du Conseil général.

Nous l'avons déjà dit (2) le Conseil ne se convoque pas, on le convoque, on lui mesure les séances et encore plus, semble-t-il, la discussion du Budget.

---

1. Il y a lieu de noter cette partielle application *à Paris* de la loi municipal de 1884. Il n'y aurait aucun danger, sauf pour les 2 préfectures de Paris à l'intégralement appliquer.

2. De 1893 à 1896, Paris, Dentu, 1 franc, p. 74.

M. Landrin (28 décembre 1897) : « J'ai à me plaindre de la date tardive à laquelle on nous force à discuter le Budget. »

M. Fournière : Non, à ne pas le discuter.

M. Landrin. — Oui, à ne pas le discuter, j'en fais remonter toute la responsabilité à l'Administration (*Bulletin Officiel* p. 4.005.)

Ce Budget bouclé en quatre séances et dit le *Budget en quatre jours* n'a pas nécessité moins de 142 pages d'impression en 3 colonnes du *Bulletin Officiel*. Mais il a été dépassé en 1899 où le Budget de 1900, dit *en trois jours* attribue 174 pages de texte en 3 colonnes toujours aux 3 séances des 28, 30 et 31 décembre 1899 matériellement insuffisantes pour dire et même — lire tout cela (1).

3° *La* **SINCÉRITÉ** *du Conseil. Aveu d'erreurs de détail. Sténographie des débats.*

Il y a là quelque manque de sincérité administrative vis-à-vis du 9° Conseil très franc, dont la franchise même n'hésite pas à avouer en séance quelques-unes de ses erreurs de détail. Ce n'est pas banal. Le 31 décembre 1896 il avoue un déficit de 29.000 fr. pour les fontaines d'eau chaude « les matériaux ne valant pas le prix de démolition » le 7 juillet 1898 la remise à l'Etat du domaine de Keddara (Algérie), une perte de 8.000 fr. pour location d'un immeuble à Sèvres mais en faveur de la si patriotique *Société des militaires coloniaux*, le généreux abandon du privilège de la Ville dans la faillite de la *Société de l'Exposition Russe* 24.000 fr. provenant entièrement des petits exposants et des petits employés 14 avril 1897.

Cette loyauté a même été jusqu'à proposer une

---

1. C'est regrettable car ce budget (plus gros que celui d'États européens (Suisse, Portugal, Bavière, Serbie, Roumanie, etc.), ne comporte pas de *douzième provisoire*. Tout ce qui ne viendrait pas en discussion serait imposé d'office.

sténographie des débats municipaux « M. Labusquière : « Elle ne sera utile qu'à la condition de
reproduire fidèlement toutes les paroles prononcées
sauf les mots dangereux » — *M. Grébauval* : « Cela
demanderait une réorganisation de l'imprimerie
municipale — *M. Landrin* « et du secrétariat. » Ces
considérations seules l'ont fait écarter, car M. Bellan
ajoute : « Certains de nos collègues ne pensent pas
comme vous, M. Grébauval, puisqu'il nous ont saisi
de propositions tendant à l'établissement pour le
compte rendu de nos séances d'un service sténo-
graphique » (22 décembre 1899 p. 4244).

Comme en les grands Parlements, ce progrès
s'imposera au petit Parlement de Paris. Il donnerait
mieux qu'une adaptation, même voulue rigoureuse,
la personnalité, l'originalité du *debater* le réel relief
de chacun.

Il renseignerait mieux l'électeur appelé à réélire.

Et ce désir même de maison de verre et de Parlement public nous met à l'aise pour parler de la
droiture de la Droite qui voudrait économiser sur
les subventions aux Bibliothèques, les cantines
scolaires, le travail manuel des Ecoles professionnelles l'internat primaire ou 1/5 seulement des
demandes est admis en 1899, si bien que M. Lucipia
répond net à un économiste monarchique M. Lam-
belin : « C'est toujours la même chose ce sont les
Ecoles qui font les frais des économies proposées
par la Droite » (19 décembre 1898 p. 4.566.)

La Droite demande aussi qu'on réduise à 3 fr. 75
le salaire des ouvriers de la Ville. M. Landrin
réplique : « Les travailleurs de la Ville étaient
payés 2 fr. et 2 fr. 50 sous l'Empire les Seigneurs
de la truelle, cette aristocratie d'alors, vivaient
grassement de leur misère en restant sourds aux
plaintes de tous ceux qui souffrent avec l'incertitude
du lendemain et l'avenir plein d'anxiété. »

4° *Le 9ᵉ Conseil* **VRAIMENT ÉCONOME**

Bien mieux qu'une *Commission des Economies* déjà reconnue oiseuse par expériences antérieures les diverses commissions du Conseil ont fait sans bruit théâtral des économies dans leur ressort en s'inspirant de ces généreuses paroles : « Nous avons respecté toujours augmenté souvent toutes les dotations ouvrières, nous n'avons fait aucune réduction sur les humbles sur les petits » (*Bull. Off*. p. 4.001, 28 décembre 1897).

Ces économies du 9ᵉ Conseil nous les diviserons en : 1° par diminution de dépenses; 2° par recettes poursuivies ; 3° par recettes créées ou améliorées.

Et ici surtout nous regrettons de ne pas tout dire.

1° Par **diminution** de dépenses — 16 juin 1899. « en dehors des Patronages, il ne sera accordé de subvention qu'à des sociétés ayant par cinq années d'existence prouvé leur vitalité propre — 4 novembre 1896 Unification du chauffage dans les écoles municipales *M. Grébauval* : « Vous payez votre charbon 15 0/0 plus cher que les autres établissements municipaux. » Ce charbon sera désormais acheté directement sur le carreau de la mine. Nous ne reviendrons pas sur les économies de gaz dans les établissements de la Ville, 913.000 en 1899 au lieu de 998.000 l'année précédente, sur celles proposées pour l'Assistance Publique et ses 250.000 fr. de crédits supplémentaires annuels « sur lesquels elle semble invariablement compter, elle en justifiera désormais » sur les opérations de voirie jadis si bénéficiaires : *M. Lampué* : « Autrefois M. Haussmann cédait à forfait à une compagnie le percement d'une rue. L'avenue de l'Opéra *passée*, ainsi à une Société aurait coûté 100 millions, la Ville l'a exécutée en 1875 pour 32 » etc.

2⁰ **Par recettes poursuivies.** — Les Revendications financières de la Ville envers l'Etat sont restées à peu près les mêmes cependant 250.000 fr. de plus seront versés en 1901 pour la contribution de l'Etat au Pavé de Paris.

Les revendications envers la Cⁱᵉ du Gaz sont actuellement pendantes devant la plus haute juridiction administrative le Conseil d'Etat.

Il s'agira en 1905 de 16 millions environ.

M. Labusquière : « C'est pour ce motif que nous avons pensé qu'il était nécessaire d'appeler cette affaire à la tribune du Conseil et de faire œuvre de vulgarisation auprès du public qui souffre du monopole en même temps que la Ville en est victime » (20 décembre 1899 p. 4.175).

Envers la Cⁱᵉ des omnibus le litige pendant aussi est attentivement suivi. Cette Cⁱᵉ distribue des permis de circulation gratuite qui lèsent la Ville et se sont élevées de 296.000 fr. en 1896 à 466.000 fr. en 1899 *M. Blachette* propose de poursuivre le remboursement de moitié à la Ville (30 décembre 1899 adopté).

3° **Par recettes créées ou améliorées** — 96 centimes par 100 kil. de droits d'octrois sur la mousse de tourbe employée comme litière et moins chère que la paille, 30 octobre 1896 ; — 15 mars 1897 droit de saillie des plaques indicatrices des maisons, spécialement des plaques des Cⁱᵉ d'assurances 35.000 plaques à 5 fr. 175.000 fr. ; 2 juillet Droit de publicité sur 200 kiosques de stations de voitures (mise à prix de chaque 100 fr. : « Cela échouera » disait-on et a pleinement réussi. La redevance payée pour mâts décoratifs, motifs lumineux, bascules automatiques, bornes postales, kiosques à journaux est portée à 228.300 fr. — Le bail de l'hippodrome de Gravelle (98 hectares) est prorogé jusqu'en 1929 et porté de 2.400 fr. annuels à 35.000 fr.

Le Bois de Boulogne monte à 675.500 fr. également annuels (1).

Mais la preuve la plus évidente de souci du contribuable, de contrôle attentif, du Conseil et pas assez attentif de l'Administration ressort de la célèbre *Histoire des colonnes Morris*.

Le traité du 25 juillet 1888 avec cet afficheur était renouvelable en 9, 15, ou 18 ans à la volonté de la Ville. Mais l'arrêté préfectoral ne disait mot des 2 premières dates et portait seulement 18 *ans*.

« Les personnes ayant commis cette *erreur* ont quitté l'Administration ou sont décédées il a été très difficile de se procurer ce dossier, le Préfet ayant fait une belle défense de 4 mois. » Finalement, le 29 juin 1897 M. Morris a accepté de payer 80.000 fr. annuels au lieu des 14.000 de jadis qu'eût perpétués 9 ans encore la petite *erreur* préfectorale.

5° ESPRIT DE JUSTICE ET DE DIGNITÉ
du 9° Conseil.

Le 15 novembre 1898. Le Conseil vote des sommes pour rembourser les droits de chasse dans les bois de Clamart et de Meudon et les ouvrir au public; — 23 juin 1898, 500.009 fr. d'indemnité à M. Berlier, 3.200 fr. de pension au Dr Peyron — 24 mars 1899, 10.000 fr. d'indemnité à la Société la *Batignollaise* chargée de l'entretien des kiosques des stations de voiture et évincée par suite de leur transformation. — Enquête sur le Bureau de Bienfaisance des 11° et 14° arrondissement, 20 octobre 1897. — Enfin le même jour à Châteaudun, l'amiral Besnard exige communication, assez tard pour que cette commu-

1. Depuis ses grosses recettes : Hippodrome de Longchamps, 200.000 fr.; d'Auteuil, 150.000 fr.; *Polo*, 12.000 fr.; jusqu'aux plus minces: chevaux de bois au Ranelagh, 200 fr.; promenades à ânes, 100 fr.; barraques à la porte de Neuilly, pour vente de gâteaux, 5 fr., etc.

nication même voulue soit impossible, des discours de MM. Labusquière et Marsoulan délégués du 9e Conseil.

Cette communication est refusée avec dignité.

6° LES MOTS DE LA FIN

Ces mots sont prononcées par M. Veber le 28 décembre 1899 : « Chasser la misère c'est chasser le vice et le crime. » La République éprise de justice n'a rien de l'égoïste « Laissez faire et laissez passer » de l'offre et de la demande. Le Conseil a beaucoup dépensé mais bien dépensé. Il n'a subventionné aucune œuvre injustifiée ou mauvaise, la semence qu'il a jetée fructifiera au centuple. » (*Très bien*).

Et enfin par un monarchiste *M. Chassaigne-Goyon* lui-même le 19 décembre 1899 « La péréquation des salaires, l'innovation des *trois-douze*, des congés réguliers, l'organisation des retraites, une alimentation meilleure, l'augmentation des salaires des travailleurs du gaz et des omnibus, la propriété pauvre dégrévée des contributions des portes et fenêtres au moyen d'un prélèvement sur l'octroi aujourd'hui de près de 5 millions bref tous les modestes, tous les petits, tous les humbles ont eu part à vos largesses.

M. Landrin. — Mais vous faites l'éloge du Conseil.

M. Chassaigne-Goyon. Je dois reconnaître aussi sauf en ce qui concerne le *Tout à l'égout* que vous avez le plus souvent fait preuve d'une certaine prudence dans vos évaluations de recettes donnant ainsi de fréquentes leçons de prévoyance à l'Administration préfectorale. »

APRÈS 30 ANS DE RÉPUBLIQUE

Synoptique du Budget de Paris en **1869** *et du Budget républicain du XX*e *Siècle* **1900**

	1900	1869	En moins pour 1869
1 Population de Paris..........	2.536.824	1.825.274	**711.500**
	(Recensement de 1896)	(Recensement de 1866)	
3 Assistance Publique.........	31.416.882	12.435.080	**18.981.202**
2 Instruction Primaire.........	28.226.438	6.192.107	**22.034.331**
4 Octroi (recettes)...........	167.000.000	102.515.000	**64.485.000**
5 Eaux (recettes).	20.048.499	6.294.000	**13.754.499**
6 Abattoirs (recettes).........	3.971.835	2.475.000	1.496.835
7 Champs-Elysées, recettes locative . .	316.151	85.940	230.211
8 Bois de Boulogne, recettes locative .	619.500	121.258	488.242

On voit pour une population de 711.000 habitants de plus, combien les dépenses si humanitaires et sociales de l'Instruction primaire et de l'assistance publique, ont été fraternellement augmentées, combien aussi les grosses recettes ont grossi en pareille disproportion.

Et vraiment on se demande comment on pouvait en 1869 *secourir* près de 2 millions d'habitants avec 12 millions de francs et les instruire avec six.

— 70 —

TABLE DES NOMS CITÉS

A

Albert, p. 51.
Allouard, 59.
Alpy, 18.
Armengaud, 59.
Astier, 60, 63.
M. d'Augereau, 62.

B

Bail, 58.
Bardin, 59.
Barreau, 59.
Bassinet, 42.
Pierre Baudin, 2, 42.
Bechmann, 40, 42.
Becque, 61.
Bédorez, 48, 55, 56.
Bellan, 5, 30, 42, 63, 65.
Beraldi, 62.
Berlier, 20,
Bernard, 17, 30, 44.
Bernier, 12, 34.
Berthaut, 41.
Berthelot, 22, 65.
Beurdeley, 7, 12, 35.
Amiral Besnard, 68.
Bienvenue, 21.
Blachette, 4, 18, 28, 44, 67.
Blondeau, 3, 12, 21, 30, 34, 56,
Blondel, 52.
Boudin, 58.
Léon Bourgeois, 53.
Brard, 3, 30, 35, 36, 44.
Breuillé, 34, 44, 60.
Brousse, 63.
Buland, 58.

C

Dr Campenon, 57.
Caplain, 12.
Carl Rosa, 58.
Carnot, 61.
Carrier-Belleuse, 61.
Champoudry, 13, 18, 31.
Dr Charcot, 60.
Chassaigne-Goyon, 69.
Chausse, 5, 7, 9, 12, 28, 49, 51.
Cheneau, 61.
Cherioux, 12, 35.

Clairin, 30, 50, 52.
Colly, 30, 41.
Constant, 59.
Contremouliéras, 58.

D

Debu, 59.
Defrance, 3.
Delabrousse, 59.
Delaherche, 59.
Delassalle, 58.
Desboutins, 58.
Deschamps, 59.
Aimé Desmottes, 62.
Desplas, 12, 63.
Didier-Pouget, 58.
Dubois, 17, 20.

F

Fabre de Larche, 62.
Faillet, 30, 42, 52.
Falguière, 60.
Faure, 59.
Fontaine, 52.
Fortin, 41.
Fournière, 12, 64.

G

Gallé, 59.
Galy, 59.
Gariel, 52.
De Gaspary, 59.
Gelez, 9, 15, 18.
Girault, 51.
Girou, 9, 32, 42, 49.
De Goncourt, 61.
Mlle Grandhomme, 57.
Gras, 7.
Gréard, 55.
Grébauval, 12, 18, 30, 35, 49, 65.
Dr Grehant, 57.
Grillet, 58.
Guillemet, 58.

H

Hamel, 61.
Henaffe, 8, 19.
Hersent, 52.
Hovelacque, 61.
Humblot, 41.

Imp. Noizette et Cie, 8, rue Campagne-Première, Paris

9 782016 175279